多角度分析数字媒体及其在营销管理中的应用研究

李彩霞　杨永清 ◎著

中国商务出版社
CHINA COMMERCE AND TRADE PRESS

图书在版编目（CIP）数据

多角度分析数字媒体及其在营销管理中的应用研究 /
李彩霞，杨永清著. -- 北京 ： 中国商务出版社，
2022.10
ISBN 978-7-5103-4440-4

Ⅰ．①多… Ⅱ．①李… ②杨… Ⅲ．①数字技术—多
媒体技术—应用—营销管理 Ⅳ．①F713.56-39

中国版本图书馆CIP数据核字(2022)第179529号

多角度分析数字媒体及其在营销管理中的应用研究

DUOJIAODU FENXI SHUZI MEITI JIQI ZAI YINGXIAO GUANLI ZHONG DE YINGYONG YANJIU

李彩霞　杨永清　著

出　　版：中国商务出版社
地　　址：北京市东城区安外东后巷28号　　邮　编：100710
责任部门：外语事业部（010-64283818）
责任编辑：李自满
直销客服：010-64283818
总 发 行：中国商务出版社发行部　（010-64208388　64515150 ）
网购零售：中国商务出版社淘宝店　（010-64286917）
网　　址：http://www.cctpress.com
网　　店：https://shop162373850.taobao.com
邮　　箱：347675974@qq.com
印　　刷：北京四海锦诚印刷技术有限公司
开　　本：787毫米×1092毫米　1/16
印　　张：11.25　　　　　　　　　　　字　数：232千字
版　　次：2023年5月第1版　　　　　　印　次：2023年5月第1次印刷
书　　号：ISBN 978-7-5103-4440-4
定　　价：72.00元

前　言

在全球化时代到来的今天，信息传播已不再局限于报纸、杂志、广播、电视等传统方式，其与互联网技术充分融合，创造出新时代的信息发布与传播新平台——新媒体。新媒体时代是相对于传统媒体而言的，是继报刊、广播、电视等传统媒体之后发展起来的新的媒体形态，是利用数字技术、网络技术、移动技术，通过互联网、移动通信网、卫星等渠道以及电脑、手机、数字电视机等终端，向用户提供信息和娱乐服务的传播形态和媒体形态。

数字媒体技术融合了数字信息处理技术、计算机技术、数字通信和网络技术等交叉学科和技术领域，是通过现代计算和通信手段综合处理数字化的文字、声音、图形、图像、视频影像和动画等感觉媒体，使抽象的信息变成可感知、可管理和可交互的技术。数字媒体技术作为新兴综合技术，涉及和综合了许多学科和研究领域，广泛应用于信息通信、影视创作与制作、计算机动画、游戏娱乐、教育、医疗、建筑等各个方面，有着巨大的经济增值潜力。在电子信息技术高速发展的今天，传播媒介已经实现从纸媒到新媒体行业的改变，传统商业也向电商模式转型。新媒体是一种传播途径，而电子商务则是一种商业运营模式。两者相当于上游和下游的关系，紧密相连，相辅相成。电子商务作为新型企业营销管理模式，已经被越来越多的企业重视并在企业内部产生巨大的变革，从企业内部的信息化管理到宣传企业自身形象，再到现在做新媒体网络营销，时刻跟上网络热点。通过多渠道、多方式对自身和产品进行网络宣传，在很大程度上降低了企业宣传成本并极大地提升了自身知名度。在移动互联网已经飞速发展的时代，研究新媒体变革的影响对电子商务发展也有着重要意义。

数字媒体是计算机技术、网络技术与媒体技术融合的产物。进入 21 世纪以来，形成以数字技术、网络技术与文化产业相融合产生的数字媒体产业。数字媒体产业取得了长足的发展，围绕文化产业发展重大需求，运用数字、互联网、移动互联网、人工智能、虚拟现实、增强现实等技术，提升科技自主创新能力和技术研发水平。数字媒体产业在增强文化产业创新力的背景下蓬勃地发展。营销管理是一门应用性和实践性极强的学科，数字媒体在营销管理中的应用，有助于学习者了解当前市场发展情况，掌握市场运行规律，为以后的工作奠定基础。本书对从事数字媒体专业的研究学者与营销管理工作者有学习和参考的价值。

目　录

第一章 数字媒体的基本认知

第一节 媒体与数字媒体论

一、媒体概述

（一）媒体即信息

数字媒体的本质是"媒体"，"数字"是"媒体"的形容词，因此下面首先分析媒体的概念。

1. 媒体与媒介

媒体在传播学范畴中有两种含义：一是指具备承载信息传递功能的物质，如电视、广播、报纸等被称为大众媒介；二是指从事信息的采集、加工制作和传播的社会组织，即媒体机构，如电视台、报社等被称为大众媒体。这里的媒介和媒体两个概念有细微的差别。也有学者认为媒介指的是介于传播者与受传者之间的用以负载、传递、延伸特定符号和信息的介质，如动作、表情、声音语言、文字、音符、线条、色彩。而媒体则主要指媒介载体，如报纸、杂志、图书、广播、电视等载体及其发行机构。实际上媒体和媒介是不可分离的，在英文中只采用一个词——medium（单数）或者 media（复数），而在中文书刊中对于"medium"或"media"的翻译有的译为"媒体"，有的译为"媒介"，传播类的书刊中常采用"媒介"，如新闻媒介、大众媒介等，而通信类相关的书刊中常采用"媒体"，如多媒体。在本书中不区分"媒介"与"媒体"，统一用"媒体"表示，也就是英文中的"medium"或"media"，指传播信息的中介，其内涵包括机构、载体、介质等。

2. 媒体即信息

在拉丁语中，媒体（medium）意为"两者之间"，被用来指携带信息传播的一切中介。从传播学的角度看，媒体是人与人或人与机器之间信息交流行为赖以进行的物质和能量信号。也就是说，一切信息产生、发送、接收均依赖于媒体才能得以进行。例如，文学家通过对语言文学的编排、修饰进行信息处理。信息存储是把文字、图形、语音、图像等符号载体固定于报纸、书籍、磁带等实物载体上，再把实物载体存储起来。简而言之，媒体就是信息的多种多样的表现形式，这可以归结为加拿大著名传播学大师麦克卢汉提出的"媒介即信息"这一著名论断。媒体即信息中的媒体，媒体是一种能够承载、延伸、传递特定信息的中介，媒体和信息的不可分割性告诉我们，媒体也是一种信息。例如，语言同样也是一种信息，读解出语言，才能读解出信息。

（二）无处不在的媒体

继报纸、广播和电视三大媒体之后，近年来，互联网、移动通信网一跃成为新的媒体传播渠道。除了这些主流媒体外，还有一些新颖的传播形式层出不穷，如移动电视、车体广告、户外大牌、楼宇广告等。同时，各种媒体形式之间在相互衍生和渗透。仅就电视这种传统媒体的衍生形态来看，就有高清电视、有线数字电视、网络电视、车载移动电视、手机电视、IPTV、楼宇电视、户外大屏幕等多种传播形态。而今媒体正变得无处不在——公交汽车上，细心的市民可以看到打着"北广传媒"或"CCTV"标志的移动电视；地铁车厢里，电视屏幕镶嵌在车门旁，一遍遍播放歌曲、笑话、广告等内容，填充着大家的空闲时间；出租汽车上，如果你坐在后排，司机或副驾驶座位后方的小屏幕上，播放着与电视同步的新闻；在写字楼、银行、餐馆、电梯间，人们习惯路过时看一下墙上的电视屏，人们可以从中得知各种最新的消息；当我们在公共场合通过 Wi-Fi 上网时，打开输入密码的界面，往往上面加载着广告。

二、数字媒体概述

尼葛洛庞帝（Negroponte）在其《数字化生存》中提出："计算不再只和计算机有关，它决定我们的生存。'信息 DNA'正在迅速取代原子而成为人类生活中的基本交换物，这种变化影响将极为巨大；将来电视机与计算机屏幕的差别变得只是大小不同而已；从前所说的大众传媒正演变成个人化的双向交流。信息不再被'推给'消费者，相反，人们的数字勤务员将把他们所需要的信息'拿过来'并参与到创造它们的活动中；信息技术的革命将改变我们的生活方式。"

在信息无处不在的今天，数字媒体作为计算机技术、网络技术、数字通信技术和文化、艺术、商业等领域融合的产物，作为信息新型的承载中介也不再只和媒体有关，它将改变着我们的生活方式。

（一）数字媒体和 0 / 1

1. 数字和模拟

在通信领域，数字和模拟相对应，它们都是信息处理的方式，不同的是，模拟通信通过连续的物理量传递信息，而数字通信则通过不连续的数字来传递信息。以固定电话为例，发话人说话的声音，即由振动发出的声波，通过送话器转变为随声音强弱变化而变化的电信号，由于这个信号是"模拟"声音变化的，因此叫作模拟信号。这个信号通过电话线传送到接收方，再通过受话器转变为原来的声音。而数字通信则不同，以计算机为例，发送方的信号首先需要转化为"0""1"表示的数字信号，然后进行传递，最后再将数字信号恢复到最初的模拟信号，模拟信号转变为数字信号的过程称为"模／数转换"；相反，数字信号转变为模拟信号的过程称为"数／模转换"。

数字通信相对于模拟通信最大的好处就是传递信息过程中信息损耗小，精确度高。综上所述，数字媒体中的"数字"主要是指利用数字的方式进行信息的传递。

2. 数字媒体的概念界定

目前对于数字媒体的认识尚未达成一致。国际电信联盟（ITU）对数字媒体的定义是在各类人工信息系统中以数字(或代码)形式编码的各类表述媒体、表现媒体、存储媒体、传输媒体等。这个描述是从技术的角度定义数字媒体，更确切地应称之为"数字媒体技术"或者"数字媒体传播"。从传播学的角度看，数字媒体主要是指依托数字媒体技术的信息传播渠道、信息传播服务、信息传播方式等。其中，数字信息传播渠道主要有互联网、移动通信网等。数字信息传播服务主要有电子邮件、BBS、即时通信、手机短信等。数字信息传播方式主要有组播、单播、点播等。

从产业融合的角度来说，一些学者将数字媒体定义为以信息科学和数字技术为主导，以大众传播理论为依据，以现代艺术为指导，将信息传播技术应用到文化、艺术、商业、教育和管理领域的科学与艺术高度融合的交叉学科。根据这个定义，数字媒体包括图像、文字、音频、视频等各种形式，并且传播形式和传播内容中采用数字化，即信息的采集、存取、加工和分发的数字化过程。这个定义强调了数字媒体产业是媒体产业和通信产业融合的产物。

综上所述，数字媒体是一个新兴的产业，涉及范围较广，从不同角度审视数字媒体，对数字媒体的表述也不尽相同，但本质内涵是相同的。综合上文中对数字和媒体概念的分析，数字媒体可以被定义为计算机技术、网络技术、数字通信技术和文化、艺术、商业等领域的融合的产物，以数字形式（0／1）存储、处理和传播信息的中介，包括机构、载体、介质等。

（二）数字媒体是一个系统

数字媒体是以数字形式（0／1）存储、处理和传播信息的中介，包括机构、载体、介质等。因此，从数字媒体的策划、制作、传播到用户消费的全过程系统来看，数字媒体是由数字媒体机构、数字媒体产品、数字媒体技术、数字媒体内容、数字媒体网络和数字媒体终端六个方面构成的一个系统。

1. 数字媒体机构

数字媒体机构是指负责监管数字媒体产业的政府部门以及从事数字媒体信息采集、加工、制作和传播的社会组织，即数字媒体产业中有两个主体，一个是政府部门，另一个是企业，具体包括文化和旅游部、工业和信息化部等数字媒体政府监管部门和中国移动、新浪等数字媒体相关企业。其中，数字媒体政府监管部门主要负责制定与执行相关法律法规，营造数字媒体产业可持续发展的竞争环境。数字媒体企业主要负责数字媒体产品经营与策划、数字媒体内容的制作、数字媒体产品传播和数字媒体产品消费四大环节。

2. 数字媒体产品

数字媒体产品或者称为数字媒体服务，就是依托互联网、移动通信网、数字电视网等数字化网络，以信息科学和数字技术为主导，以大众传播理论为依据，融合文化与艺术，将信息传播技术应用到文化、艺术、商业等领域的科学和艺术高度融合的各类媒体服务的统称。从本质上看，数字媒体产品是一种媒体服务，向用户提供文化、艺术、商业等各领域的服务产品。从传播途径上看，数字媒体产品主要通过互联网、移动通信网、数字电视网等数字化网络传输。从技术角度上看，数字媒体产品主要通过信息科学和数字技术来制作，如网络游戏、手机报等。

3. 数字媒体技术

这里的数字媒体技术主要是指数字媒体信息处理和生成的制作技术，即数字媒体特有的技术手段，不包括信息获取与输出技术、数字信息存储技术等公用的技术。数字媒体技术主要服务于数字媒体内容的制作环节，是使抽象的信息变成可感知、可管理和交互的技术。数字媒体制作技术主要包括数字音频处理技术、数字图像处理技术、计算机图形技术、计算机动画技术、数字影视剪辑技术和数字影视特效技术，通过这些技术能制作平面、二维、三维以及数字视频等数字媒体内容。

4. 数字媒体内容

数字媒体内容又称数字媒体艺术，是指以计算机技术和现代网络技术为基础，将人的理性思维和艺术的感性思维融为一体的新艺术形式。数字媒体内容不仅具有艺术本身的魅力，作为其应用技术和表现手段，也具有大众文化和社会服务的属性，是视觉艺术、设计学、计算机图形图像学和媒体技术相互交叉的学科。数字媒体内容按照内容表现形式可以分为计算机绘画艺术、计算机图像处理艺术、二维和三维动画艺术、数字视频编辑及后期特效艺术。

5. 数字媒体网络

数字媒体网络主要服务于数字媒体产品的传播。按照依托网络的不同，主要包括移动通信网、互联网、数字电视网、数字广播网等。移动通信网、互联网的建立是从零开始，不需要破旧立新，且技术手段和经营模式较为成熟，目前普及率较高。展望未来，电视网、广播网数字化将是必然趋势。

6. 数字媒体终端

数字媒体终端是指数字媒体产品的承载设备，是用户享受数字媒体产品，感受数字媒体内容的有形载体。主流的数字媒体终端主要包括计算机（Computer）、移动通信终端（Communication）和数字消费类电子产品（Consumer Electronics），如笔记本电脑、手机等。目前，消费类电子产品正在向全面数字化演进，模拟的消费类电子产品越来越少，如数字电视在逐步替代模拟电视。

这六个方面由数字媒体机构负责数字媒体产品经营与管理，并负责组织人员利用数字媒体技术制作数字媒体内容，然后通过数字媒体网络传播数字媒体产品，最后用户通过数字媒体终端消费产品和内容，整个过程数字媒体相关政府部门负责监管。数字媒体全过程可以被理解为数字媒体产品经营与策划、数字媒体产品制作、数字媒体产品传播和数字媒体产品消费四大环节。数字媒体是一个系统，每一个数字媒体从业者不仅需要了解本领域，也需要了解相关领域的情况。

特别要指出的是，数字媒体产品常常被忽略，甚至将数字媒体内容和数字媒体产品画等号，即仅仅关注数字媒体的内容实现。这样的结果使做出的数字媒体产品只是一个数字媒体作品，而不能称为产品，因为难以实现商业价值。

（三）数字媒体是融合的产物

数字媒体可以被定义为计算机技术、网络技术、数字通信技术和文化、艺术、商业等领域融合的产物。它就像一枚水晶钻石，当观察者的角度不同，它折射出的光芒也大相径庭：传统传媒企业看到的是新兴的媒体形式，电信运营商看到的是基础电信业务的衍生，互联网企业看到的是互联网业务的重要组成部分。同时，经济学者看到产业，电脑专家钻研编程，设计师忙于创意，传播教授悟出沟通。

第二节 数字媒体与传统媒体的关系

一、传媒产业的变迁

（一）传统媒体时代

在互联网、移动通信服务尚未普及之前，主流媒体主要包括新闻、图书、报刊、广播、电视、电影音像制品、电子出版物。文化产业核心层涉及的企业主要包括报社、杂志社、电视制作中心、电视台、广播台、电影制作、广告公司、发行公司等。媒体产品的类型比较有限，主要以报纸、杂志、广播、电视、电影、音像制品、广告、MTV 为载体，提供新闻、电视剧、电影、广告、音乐等信息。受技术手段的制约，媒体产品的交互性较差，主要表现为信息的单向向下传递。综上所述，把互联网、移动通信服务尚未普及前，媒体企业较少、媒体产品类型有限、合作模式简单、发布渠道单向性强的传媒时代称为传统传媒时代。

由于在传统传媒时代，我国传媒产业主要重视传媒的政治属性和喉舌作用，淡化传媒的经济属性和产业属性，因此在产业管理干部配备上主要采用行政指定；管理方式主要采用行政手段；媒体产品的生产只谈投入不分析产出，经济意识较弱；媒体产品的质量主要对上级负责；重视员工新闻宣传方面的培训，员工经营和管理意识淡薄，因此当时传媒产业在经营和管理发展方面水平很有限，通常把传统传媒时期认为是"内容为王"，注重内容制作，而忽视经营。

（二）数字媒体时代

随着互联网、移动网以摩尔定律的增长速度走进了我们的生活，计算机技术、网络技术、数字通信技术的高速发展与融合，互联网、移动通信网成了媒体产品的新传播渠道，具有庞大用户群体的手机被称为继报纸 / 杂志、广播、电视、互联网之后的第五媒体。于是主流传媒渠道从三个扩充为 5 个——报纸 / 书刊、广播、电视 / 电影、互联网、移动通信网，以互联网和移动通信网为载体的数字媒体和传统媒体在交互性、受众范围、即时性等方面有着本质区别。伴随数字媒体的飞速发展，近年来我国传媒产业发生了巨大变化。

1.媒体企业类型发生质变

诸多新类型的企业加入了媒体产业大军，主要可以包括三大类企业：第一类，网络运营商（如中国移动）；第二类，随着网络普及而新生的企业（如新浪）；第三类，交管部门、证券公司、医院等信息源提供企业。数字媒体的强交互性，使得用户可以享受手机查询交通违章、手机炒股、网上挂号等诸多服务，于是交管部门、气象台等传统企业开始融入媒体产业。在这三类企业中，电信运营商发展数字媒体的步伐最快。21世纪初，移动通信语音业务展开激烈的价格战，固定通信业务话务量大幅度跳水，使得电信运营商意识到"产品同质，只有拼价格"，于是运营商意识到手机媒体将是打造差异化优势、留住用户的有力武器。同时，当广告并没有像预想中给新浪、搜狐等互联网运营商带来丰厚的收益时，它们都纷纷大踏步向数字媒体产业挺进。最后，交管局、气象站等信息源企业在运营商、服务提供商的促进下，充当了内容提供商的角色，积极参与到数字媒体产品的提供过程中。

2. 媒体产品类型和数量发生了质变

除了出现手机游戏、手机电视等新类型的媒体产品之外，五类主流媒体以及晚会、户外等非主流媒体提供的产品的融合速度加剧，一个媒体产品往往不是以一种表现形式出现，而是会跨多个媒体平台，以融合的角度出现。例如，家喻户晓的电视行业中的"超女选秀"是一个很典型的例子，它以电视媒体为核心，依托短信互动、彩铃下载、宣传画册等多种媒体形式，复制和放大《超级女声》的核心价值，在多媒体的全国性平台上完成了省级卫视对全国性观众资源面对面的民间游说。《超级女声》成为以互联网、手机为代表的多媒体平台与电视传播在融合中创新的典范。

3. 传媒产业链变得复杂

媒体企业数量和媒体产品的质变，加速了媒体产业的融合，于是也带来了产业链的质变。一个媒体产品的成功，不仅需要媒体产品内容的优质，更需要产品包装、市场推广、多方协作等媒体产品的运营工作，甚至一些内容不佳的媒体产品，通过强大的市场运作，多媒体渠道很好地融合与合作，一样可以获得丰厚的市场效益。

综上所述，在此把互联网、移动通信服务普及后，媒体企业剧增、媒体产品类型多样、合作模式复杂的传媒时代称为数字传媒时代。由于新媒体时代具有以上特征，以及传媒产业、通信产业都在进行企业化改革，于是媒体产业经济属性凸现，媒体产业运营变得复杂——市场定位是什么、和谁合作、如何分工、分成模式、如何保证各环节有机配合、目标客户是谁、推广方案等媒体运营工作变得至关重要，因此有人说数字媒体时代称是"渠道为王"。目前"渠道为王"只是产业发展过程中的一个过渡，未来的数字媒体产业将是"渠道为王，内容为后，商务为妃"，其中"渠道"就是"数字化网络"，"商务"的实现依托数字媒体产品，而"内容"就是用户切实感受到数字媒体产品的表现形式。注意其中的"后"不一定受制于"王"。

二、数字媒体和传统媒体的关系

数字媒体是相对传统媒体而言的，是从媒体产业的视角提出的概念，和依托有线电视网、有线广播网等传输网络的传统媒体相对应，依托移动通信网、互联网、数字电视网、数字广播网等数字网络传播的媒体被称为数字媒体，在电视网、广播网等非数字网络上传播的媒体被称为传统媒体。也就是说，传统媒体和数字媒体的核心区别在于媒体传播的网络，而不是媒体存在的形式。例如《新闻联播》，当在传统电视网络上传播时被称为"电视节目"，属于传统媒体范畴，而在互联网上传播则被称为"网络视频"，属于数字媒体范畴，在移动通信网上传播被称为"手机电视"，也属于数字媒体范畴。虽然从媒体内容上看无论是在电视网，还是在互联网、移动通信网上没有本质区别，但由于传播网络存在本质区别，于是导致产业链、盈利模式、消费者感受等一系列环节都存在较大差异。

从数字媒体和传统媒体产品的关系表象上看，互联网、手机已经可以轻松看新闻了，随着技术的发展，流畅地欣赏视频也不再是可望而不可即，手机、互联网的移动性、覆盖面、便利性显然强于纸质媒体、强于在电影院看电影，于是从表象上看，可以认为数字媒体和传统媒体是取代关系，但实际并不尽然。传统媒体和数字媒体之间的关系实际类似于自行车、汽车、火车、飞机等交通工具之间的关系。显然飞机比汽车快，汽车比自行车快，但是如今我们还是有人骑自行车、有人开车，不会因为飞机比开车快，所有人逐步都坐飞机了，那是因为用户选择适应的产品，而不是最快的。即市场选择适合的产品，而不是最优的。虽然传统媒体的互动性、移动性弱于数字媒体，但传统媒体的共享性、舒适度强于数字媒体。例如，10个人可以一起去看电影，却不能同时用一个手机看手机视频，而人们的快乐不仅来自媒体内容，还来自和朋友分享的快乐；再如电影能传递的音像、画面的效果是手机和计算机所无法提供的。因此，传统媒体和数字媒体之间不是替代的关系，而是相互补充、竞争合作的关系。虽然互联网、手机能够看新闻，但是相当数量的用户仍然会看报纸，互联网、手机媒体的到来也会带来一个巨大的市场，而不仅从原有的媒体企业手中抢夺市场。但是数字媒体时代的到来会导致媒体市场发生本质的变化，不转型、仍然按照原有的方式运作的传统媒体企业会面临淘汰，它们被淘汰不是因为数字媒体企业夺走了原有的市场，而是因为这些企业没有审时度势，没有根据市场的变化调整自己。

第三节　数字媒体与社会发展

伴随着人类社会的进步与发展，人类传播的足迹由最初的线性推进，到现在各类媒体在数字技术平台上的相互交叉与结合，逐步形成空间系统，媒体的功能越来越强大，在社会生活中的地位也越来越高。数字媒体的崛起与发展正在改变着人们工作与生活的方式，与信息多元化和经济全球化的社会发展趋势的关系越来越紧密，成为一种新的媒体服务形式、新的整合传播特点、新的媒体经济热点、新的媒体文化趋势，为社会发展构建了更有效、更快捷、多样性、人性化的信息发布与交流的服务平台，进一步推动社会效益和经济效益的同步增长，推进科学技术与文化艺术的相互促进与共同发展。

一、数字媒体与信息服务发展

数字媒体的飞速发展和推广带给人们一场信息的革命，新媒体的崛起带动了传媒市场和产业结构的调整，已经成为人们日常生活中获知信息、了解社会、娱乐休闲的重要载体。数字媒体具有无限的潜力，它以数字技术和网络技术为核心，信息利用更加便捷，信息产品的开发也更加深化，信息资源的管理更加有效，信息服务平台更加人性化，而极强的互动性可以满足受众个性化需求，从而形成了信息服务向着多元化和多样性的方向发展。

当今社会是经济全球化和信息多元化的社会，各种媒体在注重大众传播的同时，又十分关注分众传播，受众成为各种媒体争夺的对象。媒体资源的整合与竞争是信息化时代的必然趋势，不同媒体之间的合作与竞争的排列、组合，将是媒体市场及其信息传播形式多元化和多样化的根本所在。媒体必须适应消费者的个性化需求，实际意味着受众权利的一种提升。比如，网络电视的出现，是信息传播发展的新突破，它是以受众为中心，按受众需求进行信息自主选择的传播方式，将最大限度地满足受众、吸引受众。与传统的大众化传播不同，网络电视向分众化传播转变，即传播者针对受众的不同群体和不同要求层面，分别实施特定的传播内容和服务方式。网络电视以实现人们多元化、个性化的需要为目的，通过独具特色的综合服务网来满足受众对新闻、经济、娱乐、教育、咨询、体育、旅游、购物等各种个性化需求，它是传播工具，又是服务平台，也是娱乐中心。网络电视的价值在于信息传播的高效和广泛，还在于为用户构建简便、安全、快速、互动的服务平台，人们通过这个平台可方便地得到所需要的服务。又比如，手机媒体高度的便携性带来了高度的个性化、私密性与贴身性，手机是同人们生活黏合性极高的"带着体温的媒体"，这要求手机媒体传播者要按用户的需求提供个性化信息，即真正做到分众传播。手机短信以其"短、平、快"的特点，已经融入了人们的日常生活，甚至成为现代人的一种生活方式。伴随数据传输量的快速增大，手机报纸可以提供给读者个性化的选择服务，让读者自己选择内容、版式、色彩，甚至发送时间。手机电视和手机电影的内容和形式也将会更加灵活多样，直至完全实现个性化。

数字媒体的发展决定和加剧了媒体信息资源的竞争，原创性、独家性的媒体信息内容，以及个性化的传播表现形式、节目内容、编排角度和组合方式等，都将是争夺受众的关键所在。同时，信息资源的充分利用、增值服务项目的扩大和效益最大化也是媒体产业所追求的目标，这一切的变化与发展，都依赖于数字媒体技术平台的支持与发展。比如，数字电视的发展将使频道资源从紧缺转为富裕，高清晰度数字电视的发展将使荧屏显示质量进一步提高，网络电视、互动电视、收费电视等的发展将使人们的收视习惯发生革命性转变等。然而这一切的变化与发展，都必须依赖于传播内容的丰富性和传播形式的多样化。

数字媒体固有的信息存储的方便性和大容量，使信息保存的容量和质量都得到了有效的保证，可以根据需要进行修复、整理和处理，特别是可以进行上传下载，使受众对于信息的利用和处理更加便捷。同时，数字媒体为媒体资产管理及媒体资源的再利用提供有效的途径和手段，一方面可以实现和满足受众个性化的点播服务，也可以实现大众化的分专题的广播服务，另一方面可以根据原始媒体信息进行分类处理、重新编排和创意设计，使内容产品形式不断出新，满足各种层次受众的个性化选择的需求，也创造数字媒体自身的新的服务形式与产品链。

数字媒体技术能实现模拟转数字的应用，可使大量的在模拟时代留下的弥足珍贵的模拟式音频信息资料进行数字格式的转换，可以永久性地保护、利用和开发这些珍贵的资源，而不会使这些源信息失真或者在重复利用中缺失。特别是数字技术还能够对模拟资料的退化进行修复，使之重新焕发生命力。

数字媒体技术能通过各种信息检索与查询系统和工具的开发，除了可以实现数据查询、文本检索、文本摘要和文本翻译等功能，还可以实现初级的基于内容的图像、视频和音频的检索，更好地方便受众的学习、研究和交流。随着基于内容和语义的智能化的音频和视频检索技术的发展和相关搜索引擎开发成功，今后人们收听广播和收看电视等可不再用遥控器而采用搜索引擎即可方便地找到所需要的媒体节目内容。

数字媒体对网络技术的充分应用，不仅实现了尽可能多的全球信息资源的交换和汇聚，而且在未来将进一步实现网络化计算能力的汇聚，使信息处理能力更加强大，以至不仅可实现计算机与计算机之间硬件能力的整合，而且可实现多种电器设备之间的整合，比如，数字家庭的实现，在实现媒体信息共享的同时，还可以将家中的电器物连接在手机上进行实时控制。可以想象，未来人们了解和索取所需要的信息不仅将更加便利，而且媒体的信息服务平台将更加人性化。

二、数字媒体与媒体整合态势

数字媒体的丰富性，特别是数字媒体所具备的交叉、融合的发展潜力与趋势，决定了数字媒体的媒体形态的多样性和交叉性，绝不会是由哪一种取代另一种，而会逐渐由过去较为单一的媒体形态，发展成个人媒体、传统广播式媒体、新兴的聚合式媒体和参与式媒体等多种媒体形态组成的多元化和融合化态势，这些不同媒体形态应该是一种竞合、互补的关系。

随着数字技术与网络技术更广泛地介入传统媒体，数字媒体与传统媒体的整合成为媒体发展的必然结果，既推动了技术的进一步发展，又实现了媒体资源的进一步整合，传播的效果和能量进一步凸显。新的网络技术、通信技术，比如宽带技术、无线通信技术、数字移动通信技术、P2P 技术等都已显露出整合各种媒体的功能，高端手机融网络、广播、电视及传统电话等媒体为一体，融数字媒体信息采集、发布、传送与接收为一体的整合能力就是一个很好的例证。数字媒体与传统媒体的不同组合，决定了传播形式的多样性和内容组合的多样性。比如，手机短信既能分别与传统媒体如报纸和电视组合，也能与互联网组合，在信息传递和交流上进行互补；宽带网络既能实现计算机与数字电视组合，也能实现与数字广播和电子报刊的组合，使信息资源能充分利用。又比如，用连接在宽带网络上的计算机终端点播网络电视，就能实现根据用户的需要选择配置多媒体服务功能，包括数字电视节目、可视 IP 电话、视频播放、互联网浏览、电子邮件、网络游戏、BBS、即时通信、博客、播客等，以及多种在线信息咨询、娱乐、教育及商务活动等。这些复合型的关联媒体的组合形式，能使信息利用更加充分，传播形式更加多样化，受众接触和选择媒体及其内容也更加自由。

数字媒体所特有的互动传播平台，使个性化的小众传播和公众性的大众传播相得益彰。比如，手机和网络电视，既具有小众传播的功能，又具有大众传播的功能，既呈现出分众传播的特点，具有回归个性化人际传播的倾向，可根据受众的多层次性，以人为本，实现点到点传播，又可以实现点到面传播。又比如，手机短信互发、网络即时通信、博客和播客等，使任何一位受众都可以成为数字媒体平台上的信息创建、传播与接收者，从而实现信息互动中的个性化需求，而它们同时又具备大众传播的特征，通过群发功能起到大众传播的作用。

由此可见，数字媒体与数字媒体之间、数字媒体与传统媒体之间的联姻，将使服务的形式、服务的内容以及服务的对象更加多元化，更适合当下社会信息化论的需求，也将是媒体发展的必然趋势。

三、数字媒体与经济增长潜力

改革开放 40 多年来，中国社会经济获得了前所未有的发展。良好的财力为社会的进步提供了有力的保障，成为推动社会发展进步的巨大力量，也成为推动传媒业发展的经济与社会基础。人们收入的提高使其满足自身信息需求的门槛变得很低，而社会阶层的日益分化又产生了多元的个性化的需求，数字媒体与传媒业的繁荣也就成了市场的要求。一方面是受众个性化的需求日益明显与强大，另一方面是数字媒体技术的突飞猛进，既为媒体内容的无限生产提供了可能，又为信息的无限传播提供了条件，不仅使我国的传媒业日益呈现出多姿多彩的绚烂景象，也导致了传媒业与其他行业的进一步整合，从而进一步推动了经济的快速增长。

数字媒体的发展带来了人气的聚集，中国互联网已拥有规模为世界第一的网民群体。数字媒体产业涉及面主要分布在六个领域：一是电信增值业，主要是 ICP、ISP、IDC、IPTV 和 SMS；二是传媒业，全球各国都已经将网络媒体纳入新型媒体管理体系，我国政府也不例外；三是出版业，网络媒体及其手机彩信和短信的有关内容已经成为新的出版内容和形式而客观存在；四是娱乐业，尤其是网络和手机的游戏、动漫、音乐、影像的快速发展，带动了网络和手机多媒体产品的消费；五是展示业，网络媒体、数字媒体等和遥感控制技术的整合应用，进一步促进了展示技术的提升与开发，展示方式更丰富、更灵活，比如柔性展示技术等，展示效果也更具魅力；六是咨询业，e-教育、e-商贸、e-购物、e-银行、e-旅游等，可谓商机无限、潜力巨大。由此可见，数字媒体的吸引力越来越强，受众群体迅速扩张，其影响力正在超过传统媒体。数字媒体除了完成传统媒体的功能延伸外，还开启了媒体数据库管理、信息分类整理和加工、超媒体传播平台的应用等。

数字媒体技术如同每一次的新技术诞生，不仅带来了媒体形态的变革，也意味着新的经济热点必然随之产生。就媒体的发展历史而言，纸质（印刷）媒体、电子（广播电视）媒体、网络媒体、手机媒体都有着它们最辉煌的历史阶段和创造的经济价值，这些媒体的存在并成为一个个产业已经表明，它们的存在对于经济发展的作用是显而易见的。然而每一次新媒体形式的产生，均会带来异代媒体间的竞争，同时产生新的经济增长点。网络媒体和手机媒体等数字媒体的诞生，不仅在媒体的硬件（计算机、手机及其配件）上带动了经济的发展，在媒体的软件（搜索引擎、付费邮箱、点播电视、付费新闻以及付费游戏等）上带动了经济的发展，还在其相关的专业杂志、饰品和玩具等衍生产品开发及其他增值服务上、内容丰富性上，以至于在表现形式和服务方式上也赢得了受众，刺激着消费的持续增长。

数字媒体的技术平台与传统媒体的内容制作平台进行优势互补，在继承共享理论的框架下，就能最大限度地实现各种媒体资源的互相转换和增值服务，促进经济繁荣与人们文化生活质量的同步发展。所谓继承共享理论，就是将原本分散的信息资源进行整合和集中，并使之在不同的信息发布平台上根据不同的媒介形式和特点，合理、充分地开发、使用信息资源。比如，传统媒体的报纸与媒体网络和手机短信业务的合作，将网络与手机短信的即时报道与报纸的深度报道相结合，拓展了信息传播的渠道，提高了信息充分利用的效率。移动通信、宽带与数字电视频道等视频内容制作商合作，就能实现移动电视和网络电视的特殊功能，扩展视频节目的传播范围和视频资源的深度开发、利用，就能方便地将数字电视节目内容在网络上实现存储，在网络电视和手机电视上实现点播，一是一次性的资源网络化后能成为永久性的资源，二是一次性的享受成为重复性的享受，三是定时定点收视成为随时随地接收。显然，有限的信息资源通过数字媒体技术平台的转换就能延长信息的使用时间，增强信息的共享程度，提高信息的使用率。

就媒体而言，抓住受众就是抓住市场，这是全球媒体经营和竞争的基本通则。因此，在全球化时代，人口流向、资本流向、技术流向、能源及生产资料流向、文化资源流向以及信息的流向，往往反映并在一定程度上决定着一个国家和地区的发展趋势和发达程度。其中与信息流向相关的文化传媒业的发展具有举足轻重的作用。一般而言，在后工业社会，以文化传媒业为核心的现代服务业和信息产业越繁荣的地区，经济越发达，经济增长速度也比较快。以网络技术平台为核心的数字媒体的出现又打破了媒体之间的界限，不同媒体之间的技术壁垒不复存在，而能在同一技术平台上进行融合与整合、相互包容与渗透。如今以内容产业为核心竞争力的跨媒体、跨行业、跨地区甚至跨国界的信息和文化传媒产品的合作经营已经从互相认同转变为大势所趋，融数字新兴媒介和传统媒介为一体的大型传媒集团不断涌现，文化产业内部的结构得到了全面的提升。网络媒体还促进了文化产业与相关产业的整合，如与广告业、咨询业、教育业等第三产业的整合，与计算机制造业和通信业等第二产业的整合，进而形成网络经济的新经济模式。未来文化传媒产业在GDP中所占比重将会越来越大，在社会生活中的作用将会更加突出。

四、数字媒体与政治环境构建

随着数字媒体的快速崛起与发展，媒体的生态环境也发生了变革，正深刻地影响和改变着人们的社会生活，从而直接影响着社会政治环境的变化与构建。

网络、宽带、手机等数字媒体的广泛应用，使信息传播渠道更加多元化，公众接收信息则更加畅通、快捷，从而加速了社会信息平权意识的建立，加强了各级政府及部门对于信息公开制度建设的重视。信息平权是实现政治文明和社会文明的重要内容之一，也是实现人民民主、自由权利的一个重要方面。数字媒体技术的发展使政府通过网络等数字媒体实现公共信息最大限度的公开与透明，使更多的公民接触更多政府政务信息成为可能。政府政务信息和公共信息的公开既是论政府"以民为本"的重要职责，也是各级政府网站的主要工作任务之一。特别是随着数字媒体技术的应用与发展，出于狭隘的、不负责任的地方保护主义，想通过区域性地封锁有关涉及民生权利、滥用职权、人为灾难等信息的可能性几乎不存在，尤其是与公共信息相关的疾病传染、重大事故发生、危机爆发等关乎民生的内容总是可以在网上引起人们的格外关注与议论。数字媒体技术的应用，尤其是电子政务、政府网站等的建立，促使并加快了政府信息公开和信息透明以及舆论监督的民主进程，成为信息平权理论的基础性的技术保障。数字媒体的发展进一步推动掌握着比较多的公共信息资源的政府部门利用各种媒体向社会公众公布相关的公共信息，而受众自由选择和了解公共信息的权利也得到了进一步的提升。

数字媒体的发展为信息交互平台的建设创造了有利条件，在时间和空间上扩展、延伸了人们接收和了解更多信息的机会，同时也创造了"多对点""点对多""多对多"的交换信息、互动交流、多向咨询的条件，在政府与公众之间、民与民之间架起了平等沟通的信息桥梁。最近几届全国和各省市的"两会"报道，已经全部通过网络进行整体性的信息传播，其中包括会议报道、热点调查、网友互动、历次会议资料和汇总等，人们通过手机、计算机、电视机顶盒可以全面了解"两会"的专题报道和相关信息。同时，人们也可以利用相关的媒体互动途径，比如通过"新闻跟帖""网友评论"等，发表自己的意见和建议。数字媒体进一步改善、调动和增强了公众参政议政的积极性，以及应当享有的政治权利和社会责任。数字媒体的应用与发展，使公众在宪法规定的范围内做到言论自由更具有现实的和历史的意义，同时也为加速新时代社会主义民主化进程，推动我国的社会主义民主政治的建设，产生了积极的推进作用。

随着数字媒体，特别是网络媒体的迅速发展，网上虚拟社会形态已经形成，已经深入现实社会的各个角落，为亿万人民群众所接受。新浪网每天新闻跟帖就有 10 万条，新浪网、新华网论坛每天帖文也都在 10 万条左右。形形色色的网络群体日趋活跃。它同现实社会一起，共同作用于我们的社会，成为影响和引导人们的思维方式、行为方式和社会组织形式的重要因素。数字媒体既是一种机遇，也是一种挑战。作为革命性的力量，互联网具有建设性、创造性的特点，具有为广大群众，特别是青年所接受的一面，但它也存在易被利用，难控制，具有破坏性与颠覆性的一面。以网络为平台，借助现代通信手段，各种网络群体不受组织者地域、身份、条件的限制，在社会事件发生时，推波助澜。特别值得关注的是，网络媒体容易成为跨境煽动、组织的工具。网络等数字媒体发展对维护社会稳定提出了崭新的课题。看不到网络发展对现实社会发展的影响是可悲的；看到了网络发展的影响而不采取行动，不加以正确的引导和科学的管理则是可怕的。建设社会主义和谐社会迫切需要加强对以网络为代表的数字媒体的科学建设与管理。网络管理的总原则应该是：积极发展，加强管理，趋利避害，为我所用。通过网上虚拟社会与现实社会的协同发展，通过网上网下的共同努力，来实现建设社会主义和谐社会的理想。

五、数字媒体与文化消费趋势

数字媒体带来了传者和受者之间的互动交流，内容也更加趋于平民化和通俗化，传者与受者之间的交流也趋于平等，从而不断地推动数字媒体的内容和形式的创新，形成面向大众的新媒体产品及各类服务。数字媒体也使文化消费呈现出大众化的趋势。

新媒体的隐秘性、开放性和包容性，尤其带来了充满个性和活力的手机文学的迅速繁荣，给通俗文学出版带来了新的消费点，也引起了出版界的极大关注。

数字媒体的平民性和通俗性，使网络音乐和手机彩铃更符合人们的实际需要，成为闲暇生活和自我愉悦的重要组成部分。由于网上音乐库和笑话短信库的海量存储、方便下载，手机彩铃的制作便利和内容讲究趣味性和幽默性等，既能够随心所欲地从中取乐，以调节身心，又能够根据口味的变化和时尚的更替及时更换和调整，以保持紧跟时尚的节奏和年轻的心态，对于音乐的普及和传唱具有极大的推动作用，同时也极大地刺激了民间的创作热情，丰富了创作内容。

数字媒体的数字化、多媒体化以及宽带化，使网络电视和手机短剧快速发展，其中主要的是受众收看方式的转变，可以不受时间限制或者地点的限制任意点播，更符合年轻人的收视习惯；播出的内容题材和剧目的长短也更加灵活，情节和节奏更加紧凑和集中，更符合年轻人的审美情趣，比如三分钟电视剧、半分钟手机动画等；还由于 DV 的普及，自娱自乐的拍摄 DV 纪录片、MTV、剧情片、实验片等，都成了网络影像的民间内容供应商。由于快速传播、快速反馈与响应，它们也已经以一种"零"价格发行成为一种客观存在的文化现象。

数字媒体使传统的大众传播状态发生了并且还在发生着深刻的变化。如今，一个人通过发送手机短信、撰写博客日志、发起网络群聊，就可以在"任何时候、任何地点、对任何人"进行大众传播，既经济又便捷，突破了传统主流媒体的话语权壁垒。这些随时进行的信息，甚至成为传统媒体的重要信息或信息来源，人际传播的性质得到凸显和强化。

数字媒体的发展优于传统媒体的方面主要在于无国界性、即时性、互动性、多媒体和超文本链接，可以使受众享受到更加个性化的信息服务。对广大受众而言，免费的网络内容、新闻信息与邮箱，免费的信息搜索工具的使用等，培养了网民的规模，培养了受众的网络概念，从而广泛地接受了互联网这个新生事物。同时，数字媒体还改变了传统媒体对有关信息一次性的简单发布，使庞大的信息数据库成为受众开展研究的资源，使信息资源可进行无数次的循环开发和利用，使整个媒体的信息整合能力提升，并为提高信息的使用率做出了积极贡献，同时也为受众对于信息资源的反复利用创造了条件。

总而言之，新媒体的崛起与发展必将深刻地影响社会的方方面面，也一定会对媒体的发展和传媒产业的发展产生深刻的影响。

第四节　数字媒体终端

数字媒体终端是指数字媒体产品的承载设备，是用户使用数字媒体产品，感受数字媒体内容的有形载体。主流的数字媒体终端主要包括计算机（Computer）、移动通信终端（Communication）和数字消费类电子产品（Consumer Electronics），如笔记本电脑、手机等。目前消费类电子产品正在向全面数字化演进，模拟的消费类电子产品越来越少，如数字电视在逐步替代模拟电视。

以这三类终端为中心，未来的数字家庭大致可以分为三大区域：以计算机为中心的"计算机互连区域"，以手机为中心的"移动设备区域"以及由家庭视听娱乐设备组成的"家用电器广播区域"。其中，计算机互连区域包含 LCD 显示器、数码相机、打印机、数码摄录机等依赖于计算机的电子设备；移动设备区域则主要包括手机、掌上电脑（PDA）、媒体播放机（如 MP4、MP3、iTouch）等便携类产品；家用电器广播区域则包含数字电视、音响设备、DVD 播放机/录像机、电视游戏机等家庭视听娱乐设备。这 3 大区域的提供者就是通常所说的通信、IT 和家电三大产业。

一方面，三大区域中的终端设备之间处于高度协作的状况；另一方面，三大区域内的终端功能融合成为发展趋势，如手机与数码相机、PDA 和 GPS 等的融合。随着终端整合互通性的不断发展，兼容和互通性强的多媒体一体化数字媒体终端将成为主流。

未来终端融合的数字家庭是奇妙的，将是一个计算机、移动通信终端（Communication）和数字消费类电子产品完全互联互通的世界。在这个家庭中，所有的三类终端都可以联通，并忠实体现用户的意志：用户可以在回家的路上对空调发出指令，可以在做饭的时候用冰箱看电视，可以用电视打电话。

一、计算机

正如尼葛洛庞帝在《数字化生存》中所言："计算机不再和计算机有关，它决定了我们的生存。"计算机的发明和发展，给人类的生活带来了革命性的变革。

（一）计算机的发展历史

世界上第一台计算机诞生于 1946 年，占地面积 170 多平方米，重量约 30 吨，主要用于计算弹道。而今经过多年的发展，计算机经历了电子管、晶体管、集成电路和超大规模集成电路这几个阶段。计算机体积越来越小，重量越来越轻，微型电子计算机就被形象地称为电脑，计算机的应用领域也从最初的军事领域，扩展到商业和家庭。目前计算机已进入第五代智能化发展阶段。

虽然自问世以来计算机在速度和性能上有了可观的提升，但迄今仍有不少课题的要求超出了当前计算机的能力所及，找到一个解决方法的时间远远赶不上问题规模的扩展速度。因此，科学家开始将目光转向开发生物计算机和量子计算机来解决这一类问题。例如，人们计划用生物性的处理来解决特定问题（DNA 计算）。由于细胞分裂的指数级增长方式，DNA 计算系统很有可能具备解决同等规模问题的能力。当然，这样一个系统直接受限于可控制的 DNA 总量。量子计算机，顾名思义，利用了量子物理世界的超常特性。一旦能够造出量子计算机，那么它在速度上的提升将令一般计算机难以望其项背。当然，这种涉及密码学和量子物理模拟的下一代计算机还只停留在构想阶段。

（二）计算机的组成

计算机的种类丰富，应用范围广泛，大多数数字媒体的应用都需要通过计算机进行信息的处理、获取、输出、操作或者控制等功能，相比于其他数字媒体终端，计算机最显著的特点就是通用性强。

计算机作为主流的数字媒体终端，主要由硬件和软件两部分构成。计算机硬件是指计算机系统中所使用的电子线路和物理设备等有形的实体，主要包括中央处理器（CPU）、存储器、外部设备（输入 / 输出设备）及总线等。软件是指能使计算机硬件系统顺利和有效工作的程序集合的总称，可分为系统软件和应用软件两部分。系统软件负责对整个计算机系统资源的管理、调度、监视和服务，如操作系统、数据库管理系统、编译系统、网络系统、标准程序库和服务性程序等。应用软件是指各个不同领域的用户为各自的需要而开发的各种应用程序，如文字处理软件、图表处理软件、视频播放软件等。

二、移动通信终端

近年来，我国移动通信终端设备的发展势头迅猛，新品不断涌现，升级换代迅速，功能融合加剧。手机已经成为获取信息和媒体的重要途径。

（一）手机的发展历史

按照移动通信网络的演进，手机的发展历史可以划分为五代，第一代是和 1G 移动通信技术相对应的模拟制式的手机，第二代是和 2G 移动通信技术相对应的数字手机，第三代是迎合 3G 移动通信技术而产生的多媒体手机，第四代是 4G 移动通信技术而产生的多媒体手机，第五代是 5G 移动通信技术而产生的多媒体手机。

第一代模拟制式的手机，也就是在 20 世纪八九十年代出现的大哥大。最先研制出大哥大的是美国摩托罗拉公司。由于当时的电池容量限制和模拟调制技术需要硕大的天线和集成电路的发展状况等条件的制约，这种手机外表四四方方，只能称为可移动，算不上便携。很多人称呼这种手机为"砖头"或是"黑金刚"等。这种手机有多种制式，如 NMT、AMPS、TAGS，但是基本上使用频分复用方式，故只能进行语音通信，收讯效果不稳定，且保密性不足，无线带宽利用不充分。

第二代手机通常使用 GSM、GPRS 或者 CDMAIX 等第二代移动通信标准，具有稳定的通话质量和合适的待机时间。在第二代中为了适应数据通信的需求，一些中间标准也在手机上得到支持，如支持彩信业务的 GPRS 和上网业务的 WAP 服务以及各式各样的 Java 程序等。

第三代手机是指将无线通信与互联网等多媒体通信结合的新一代移动通信系统。它能够处理图像、音乐、视频流等多种媒体形式，提供包括网页浏览、电话会议、电子商务等多种信息服务。为了提供这种服务，无线网络必须能够支持不同的数据传输速度，也就是说在室内、室外和行车的环境中能够分别支持至少 2Mbit ／ s（兆字节 ／ 每秒）、384kbit ／ s（千字节 ／ 每秒）以及 144kbit ／ s 的传输速度。

第四代手机是移动通信系统的网络体系结构可以由下而上分为物理网络层、中间环境层、应用环境层等三层。物理网络层提供接入和选路功能，中间环境层作为桥接层提供 QoS 映射、地址转换、安全管理等。物理网络层与中间环境层及应用环境层之间的接口是开放的，这样可以带来以下优点：①使发展和提供新的服务变得更容易；②可以提供无缝高数据速率的无线服务；③可以运行于多个频带；④使服务能自适应于多个无线标准及多模终端，跨越多个运营商和服务商，提供更大范围的服务。

第五代手机是移动通信技术（5th Generation Mobile Communication Technology，简称 5G）是具有高速率、低时延和大连接特点的新一代宽带移动通信技术，是实现人机物互联的网络基础设施。

国际电信联盟（ITU）定义了 5G 的三大类应用场景，即增强型移动宽带（eMBB）、超高可靠低时延通信（URLLC）和海量机器类通信（mMTC）。增强型移动宽带（eMBB）主要面向移动互联网流量爆炸式增长，为移动互联网用户提供更加极致的应用体验；超高可靠低时延通信（URLLC）主要面向工业控制、远程医疗、自动驾驶等对时延和可靠性具有极高要求的垂直行业应用需求；海量机器类通信（mMTC）主要面向智慧城市、智能家居、环境监测等以传感和数据采集为目标的应用需求。

为满足 5G 多样化的应用场景需求，5G 的关键性能指标更加多元化。ITU 定义了 5G 八大关键性能指标，其中高速率、低时延、大连接成为 5G 最突出的特征，用户体验速率达 1Gbps，时延低至 1ms，用户连接能力达 100 万连接 / 平方公里。深圳从 2017 年 10 月开通首个 5G 试验站点以来，5G 产业链发展快速推进。

（二）手机的功能

手机作为数字媒体重要的终端，其功能已经不再仅仅局限于通话，特别是智能手机的出现，手机能下载各种应用程序，于是手机的功能得到了无限扩展。根据用户的需求，手机除了通话之外，主要包括以下三大功能。

1. 移动办公功能

手机的办公功能是指利用手机阅读与处理电子文件、浏览网页、收发邮件等。虽然手机的操作便利性远远小于计算机，但手机移动办公的能力却是笔记本电脑所不能及的，因此手机办公在移动办公领域具有差异化优势。

2. 互动娱乐功能

随着移动通信网的更新换代，手机上网、下载软件业务普及率逐年激增，通过手机下载图片、音乐、视频、游戏已不再陌生，手机成为人们娱乐的新方式，甚至有人患上了"手机依赖症"。

3. 生活工具功能

手机生活工具功能是指利用手机享受购物、理财等服务。随着移动商务的日益流行，互动性强、个性的手机的功能已经不再局限于商务和娱乐，它开始在人们生活中充当着各种各样的角色，如手机支付功能使得手机充当了银行卡，手机识别功能使手机充当了门禁。

三、数字消费类电子产品

由于收音机、电视机、照相机等模拟制式的消费类电子产品在数字化网络没有出现之前就进入了我们的生活，这就意味着数字电视、数字照相机等数字消费类电子产品的普及需要破旧立新，因此数字消费电子产品的普及速度远没有计算机、手机快，但模拟电子产品的数字化进程只是时间问题，而无须探讨是否需要数字化，未来我们身边的电子产品将逐个被数字化产品所替代。

（一）数码相机

从 1839 年，达盖尔发明了全世界第一台照相机到现在，照相机已有 100 多年的历史，而数码相机则是从 20 世纪 80 年代开始出现。相比传统的照相机，数码相机作为一个新鲜事物，虽然其经历的历史不长，但发生的变化以及给我们的生活带来的改变却是巨大的。数码相机的发展可以说是突飞猛进，以令人难以置信的速度发展。1995 年上市销售的数码相机像素为 41 万像素，仅仅过去一年，到了 1996 年，数码相机的像素就达到了 81 万像素，几乎是 1995 年的两倍。而 1996 年数码相机的出货量也创历史纪录，达到了 50 万台。数码相机从这一年开始，全面进入了消费者的视线，成为人们生活中流行时尚的代言人之一。

数码相机的工作过程很简单，就是把光信号转化为数字信号的过程。当数码相机对准拍摄画面后，按下快门，使其拍摄画面物体上反射出的光通过相机的光学器件投射到光敏元件上，光敏元件输出与入射亮度、色彩相对应的模拟电压。模拟电压经过模数转变成数字信号，再通过白平衡及色彩校正、图像压缩等数字处理后以图像文件的形式存储在数码相机的存储器中。数码相机还可以将图像数据通过数据线传送到计算机保存。

虽然数码相机核心只是进行了模拟和数字信号的转化，但数码相机却大大方便了我们的生活，使人们能马上看到记录的图像资料，而且很方便进行资料的备份。目前，消费级数码相机在千万像素、大屏幕、触摸屏、防抖、广角一系列功能上都能很好地满足消费者，人们开始关注单反数码相机。仅仅 10 年的发展，数码相机产业就已经足以让我们目瞪口呆。正如汽车刚刚被发明时，其性能甚至不第如畜力车，但其未来的发展却是无限的。

（二）数字电视终端论

目前电视以家庭用户为目标用户，具有广泛的用户基础，是目前最主流的媒体形式之一。随着数字技术的发展，数字电视带来的变化是电视画面细腻、逼真，音质更好；内容更加丰富，个性化的节目和特色服务频道将日益丰富；消费者的消费行为和习惯发生重大改变，从过去单向接收信息变成主动收看信息。

数字电视终端产品按清晰程度分类，可以分为低清晰度数字电视（SDTV）、标准清晰度数字电视、高清晰度数字电视（HDTV）；按显示屏幕幅型分类，可以分为 4：3 幅型比和 16：9 幅型比两种类型；按扫描线路分类，可以分为 SDTV 扫描线路和 HDTV 扫描线路等。按产品类型分类，可以分为数字电视显示器、数字电视机顶盒、一体化数字电视接收机。其中机顶盒是指利用数字网络作为传输平台，以电视作为用户终端，用来增强或拓展电视机功能的设备。现在通常所说的机顶盒一般都是数字机顶盒。目前，数字机顶盒大都具有完善的实时操作系统，提供强大的 CPU 计算能力及用来协调控制机顶盒各部分的硬件，并提供易操作的图形用户界面。它可以支持收发电子邮件、浏览网页、网上购物等数字媒体应用服务。

目前，在试点城市免费安装的数字电视接收机未来不仅能接收数字电视信号，还能提供数字广播，也就说数字电视终端同样也可以充当数字广播的终端。

第二章 数字新媒体技术

第一节 大数据技术及云计算技术

一、大数据技术

（一）基本概念

1. 定义

大数据（Big Data, Mega Data）或称巨量资料，指的是无法在一定时间范围内用常规软件工具进行捕捉、管理和处理的数据集合，需要新处理模式才能具有更强的决策力、洞察力和流程优化能力的海量、高增长率和多样化的信息资产。在维克托·迈尔-舍恩伯格及肯尼斯·库克耶编写的《大数据时代》中，大数据指不用随机分析法（抽样调查）这样的捷径，而所有数据进行分析处理。

2. 大数据特点

业界通常用四个 V（Volume、Variety、Value、Velocity）来概括大数据的特征。

（1）数据体量巨大（Volume）

从 TB 级别，跃升到 PB 级别，而一些大企业的数据量已经接近 EB 量级。

（2）数据类型繁多（Variety）

这种类型的多样性也让数据被分为结构化数据和非结构化数据。相对于以往便于存储的以文本为主的结构化数据，非结构化数据越来越多，包括网络日志、音频、视频、图片、地理位置信息等，这些多类型的数据对数据的处理能力提出了更高要求。

（3）价值密度低（Value）

价值密度的高低与数据总量的大小成反比。以视频为例，连续不间断监控过程中，可能有用的数据仅仅有一两秒。

（4）处理速度快（Velocity）

一秒定律，和传统的数据挖掘技术有着本质的不同。物联网、云计算、移动互联网、车联网、手机、平板电脑、PC 以及遍布地球各个角落的各种各样的传感器，无一不是数据来源或者承载的方式。

（二）技术原理

1. 大数据技术

解决大数据问题的核心是大数据技术。目前所说的"大数据"不仅指数据本身的规模，也包括采集数据的工具、平台和数据分析系统。大数据研发目的是发展大数据技术并将其应用到相关领域，通过解决巨量数据处理问题促进其突破性发展。因此，大数据时代带来的挑战不仅体现在如何处理巨量数据并从中获取有价值的信息，也体现在如何加强大数据技术研发，抢占时代发展的前沿。

（1）数据采集

ETL 工具负责将分布的、异构数据源中的数据如关系数据、平面数据文件等抽取到临时中间层后进行清洗、转换、集成，最后加载到数据仓库或数据集市中，成为联机分析处理、数据挖掘的基础。

（2）数据存取

关系数据库、NoSQL、SQL 等。

（3）基础架构

云存储、分布式文件存储等。

（4）数据处理

自然语言处理（Natural Language Processing，简称 NLP）是研究人与计算机交互的语言问题的一门学科。处理自然语言的关键是要让计算机"理解"自然语言，所以自然语言处理又叫作自然语言理解（Natural Language Understanding，简称 NLU），也称为计算语言学（Computational Linguistics）。

（5）统计分析

假设检验、显著性检验、差异分析、相关分析、方差分析、卡方分析、偏相关分析、距离分析、回归分析、简单回归分析、多元回归分析、逐步回归、回归预测与残差分析、logistic 回归分析、曲线估计、因子分析、聚类分析、主成分分析、因子分析、快速聚类法与聚类法、判别分析、对应分析、多元对应分析（最优尺度分析）、bootstrap 技术等。

（6）数据挖掘

分类（Classification）、估计（Estimation）、预测（Prediction）、相关性分组或关联规则（Affinity Grouping or Association Rules）、聚类（Clustering）、描述和可视化（Description and Visualization）、复杂数据类型挖掘（Text、Web、图形图像、视频、音频等）。

（7）模型预测

预测模型、机器学习、建模仿真。

（8）结果呈现

云计算、标签云、关系图等。

2.大数据分析

大数据分析的五个基本方面如下。

（1）Analytic Visualizations（可视化分析）

大数据分析的使用者有大数据分析专家，同时还有普通用户，但是他们二者对于大数据分析最基本的要求就是可视化分析，因为可视化分析能够直观地呈现大数据特点，同时能够非常容易被读者所接受，就如同看图说话一样简单明了。

（2）Data Mining Algorithms（数据挖掘算法）

大数据分析的理论核心就是数据挖掘算法，各种数据挖掘的算法基于不同的数据类型和格式才能更加科学地呈现出数据本身具备的特点，也正是因为这些被全世界统计学家所公认的各种统计方法（可以称之为真理）才能深入数据内部，挖掘出公认的价值。另外一个方面也是因为有这些数据挖掘的算法才能更快速地处理大数据。

（3）Predictive Analytic Capabilities（预测性分析能力）

大数据分析最重要的应用领域之一就是预测性分析，从大数据中挖掘出特点，通过科学建立模型，之后便可以通过模型带入新的数据，从而预测未来的数据。

（4）Semantic Engines（语义引擎）

大数据分析广泛应用于网络数据挖掘，可从用户的搜索关键词、标签关键词或其他输入语义，分析、判断用户需求，从而实现更好的用户体验和广告匹配。

（5）Data Quality and Master Data Management（数据质量和数据管理）

大数据分析离不开数据质量和数据管理，高质量的数据和有效的数据管理，无论是在学术研究还是在商业应用领域，都能够保证分析结果的真实和有价值。

大数据分析的基础就是以上五个方面，当然更加深入大数据分析的话，还有很多更加有特点的、更加深入的、更加专业的大数据分析方法。

二、云计算技术

（一）基本概念

云计算技术是指通过互联网，从专门的数据中心，向用户提供可扩展的定制性服务和工具。这一技术几乎无须本地进行数据处理，也不消耗本地存储资源。云计算支持协作、文件存储、虚拟化，并可定制使用时长。

云计算是一种按量付费的模式。这种模式能够提供快捷、按需使用以及无线扩展的网络访问进入可配置计算机的资源共享池；资源共享池中包含了五大重要元素：网络、服务器、存储、应用软件和服务。因此，使用者只须投入很少的管理工作，或与服务提供商进行很少的交互就能实现资源的快速提供。

目前云计算还处于基础阶段，现在的云计算被分为三层：基础设施即服务（IaaS）、平台即服务（PaaS）和软件即服务（SaaS）。基础设施可以看作我们的电脑主机，其实质是大规模的主机集群。平台的地位大致相当于我们的计算机系统，类似于 Windows，是开发和运行程序的基础。软件服务，微信、游戏客户端、美图秀秀这样的都是软件。

云计算环境具有以下特点：数据安全可靠、客户端需求低、高灵活度、超强计算能力等。

（二）技术原理

1. 虚拟化技术

虚拟化是云计算最重要的核心技术之一，它为云计算服务提供基础架构层面的支撑，是 ICT 服务快速走向云计算的最主要驱动力。可以说，没有虚拟化技术也就没有云计算服务的落地与成功。虚拟化是云计算的重要组成部分但不是全部。

（1）从技术上讲

虚拟化是一种在软件中仿真计算机硬件，以虚拟资源为用户提供服务的计算形式。旨在合理调配计算机资源，使其更高效地提供服务。它把应用系统各硬件间的物理划分打破，从而实现架构的动态化，实现物理资源的集中管理和使用。虚拟化的最大好处是增强系统的弹性和灵活性，降低成本、改进服务、提高资源利用效率。

（2）从表现形式上看

虚拟化又分两种应用模式。一是将一台性能强大的服务器虚拟成多个独立的小服务器，服务不同的用户。二是将多个服务器虚拟成一个强大的服务器，完成特定的功能。这两种模式的核心都是统一管理，动态分配资源，提高资源利用率。在云计算中，这两种模式都有比较多的应用。

2. 分布式数据存储技术

云计算的另一大优势就是能够快速、高效地处理海量数据。为了保证数据的高可靠性，云计算通常会采用分布式存储技术，将数据存储在不同的物理设备中。分布式网络存储系统采用可扩展的系统结构，利用多台存储服务器分担存储负荷，利用位置服务器定位存储信息，它不但提高了系统的可靠性、可用性和存取效率，还易于扩展。

在当前的云计算领域，Google 的 GFS 和 Hadoop 开发的开源系统 HDFS 是比较流行的两种云计算分布式存储系统。

（1）GFS（Google File System）技术

谷歌的非开源的 GFS 云计算平台满足大量用户的需求，并行地为大量用户提供服务，使云计算的数据存储技术具有高吞吐率和高传输率的特点。

（2）HDFS（Hadoop Distributed File System）技术

大部分 ICT 厂商，包括 Yahoo、Intel 的"云"计划采用的都是 HDFS 的数据存储技术。未来的发展将集中在超大规模的数据存储、数据加密和安全性保证以及继续提高 I／O 速率等方面。

3. 编程模式

分布式并行编程模式创立的初衷是更高效地利用软、硬件资源，让用户更快速、更简单地使用应用或服务。在分布式并行编程模式中，后台复杂的任务处理和资源调度对于用户来说是透明的，这样用户体验能够大大提升。

MapReduce 是当前云计算主流并行编程模式之一。MapReduce 模式将任务自动分成多个子任务，通过 Map 和 Reduce 两步实现任务在大规模计算节点中的调度与分配。

MapReduce 是 Google 开发的 java、Python、C++ 编程模型，主要用于大规模数据集（大于 1TB）的并行运算。MapReduce 模式的思想是将执行问题分解成 Map（映射）和 Reduce（化简）的方式，先通过 Map 程序将数据切割成不相关的区块，分配（调度）给大量计算机处理，达到分布式运算的效果，再通过 Reduce 程序将结果汇整输出。

4. 大规模数据管理

对于云计算来说，数据管理面临巨大的挑战。云计算不仅要保证数据的存储和访问，还要能够对海量数据进行特定的检索和分析。由于云计算需要对海量的分布式数据进行处理、分析，因此，数据管理技术必须能够高效地管理大量的数据。

Google 的 BT（BigTable）数据管理技术和 Hadoop 团队开发的开源数据管理模块 HBase 是业界比较典型的大规模数据管理技术。

BT（BigTable）数据管理技术：BigTable 是非关系的数据库，是一个分布式的、持久化存储的多维度排序 Map。BigTable 建立在 GFS、Scheduler、LockService 和 MapReduce 之上，与传统的关系数据库不同，它把所有数据都作为对象来处理，形成一个巨大的表格，用来分布存储大规模结构化数据。BigTable 的设计目的是可靠地处理 PB 级别的数据，并且能够部署到上千台机器上。

开源数据管理模块 HBase：HBase 是 Apache 的 Hadoop 项目的子项目，定位于分布式、面向列的开源数据库。HBase 不同于一般的关系数据库，它是一个适合于非结构化数据存储的数据库。另一个不同的是 HBase 基于列的而不是基于行的模式。作为高可靠性分布式存储系统，HBase 在性能和可伸缩方面都有比较好的表现。利用 HBase 技术可在廉价 PCServer 上搭建起大规模结构化存储集群。

5. 分布式资源管理

在多节点的并发执行环境中，各个节点的状态需要同步，并且在单个节点出现故障时，系统需要有效的机制保证其他节点不受影响。而分布式资源管理系统恰是这样的技术，它是保证系统状态的关键。

另外，云计算系统所处理的资源往往非常庞大，少则几百台服务器，多则上万台，同时可能跨越多个地域。且云平台中运行的应用也是数以千计，如何有效地管理这批资源，保证它们正常提供服务，需要强大的技术支撑。因此，分布式资源管理技术的重要性可想而知。

全球各大云计算方案／服务提供商都在积极开展相关技术的研发工作。如 Google 内部使用的 Borg 技术。另外，微软、IBM、Oracle／Sun 等云计算巨头都有相应解决方案提出。

6. 信息安全调查

在云计算体系中，安全涉及很多层面，包括网络安全、服务器安全、软件安全、系统安全等。云安全产业的发展，将把传统安全技术提高到一个新的阶段。

现在，不管是软件安全厂商还是硬件安全厂商都在积极研发云计算安全产品和方案。包括传统杀毒软件厂商、软硬防火墙厂商、IDS／IPS 厂商在内的各个层面的安全供应商都已加入云安全领域。

7. 云计算平台管理

云计算资源规模庞大，服务器数量众多并分布在不同的地点，同时运行着数百种应用，如何有效地管理这些服务器，保证整个系统提供不间断的服务是巨大的挑战。云计算系统的平台管理技术，需要具有高效调配大量服务器资源，使其更好协同工作的能力。其中，方便地部署和开通新业务，快速发现并且恢复系统故障，通过自动化、智能化手段实现大规模系统可靠的运营是云计算平台管理技术的关键。

对于提供者而言，云计算有三种部署模式，即公共云、私有云和混合云。三种模式对平台管理的要求大不相同。对于用户而言，由于企业对于 ICT 资源共享的控制、对系统效率的要求以及 ICT 成本投入预算不尽相同，企业所需要的云计算系统规模及可管理性能也大不相同，因此，云计算平台管理方案要更多地考虑到定制化需求，能够满足不同场景的应用需求。

8. 绿色节能技术

节能环保是全球整个时代的大主题。云计算也以低成本、高效率著称。云计算具有巨大的规模经济效益，在提高资源利用效率的同时，节省了大量能源。绿色节能技术已经成为云计算必不可少的技术，未来越来越多的节能技术还会被引入云计算中来。

第二节　物联网技术及移动5G技术

一、物联网技术

（一）基本概念

真正的"物联网"概念最早由英国工程师凯文·艾什顿（Kevin Ashton）提出。艾什顿对物联网的定义很简单：把所有物品通过射频识别等信息传感设备与因特网连接起来，实现智能化识别和管理。

物联网就是"物物相连的智能互联网"。其核心包含着三个层面的含义：①物联网的核心和基础仍然是互联网，是在互联网基础上的延伸和扩展的网络；②其用户端延伸和扩展到了任何物品与物品之间，进行信息交换和通信；③该网络具有智能属性，可进行智能控制、自动监测与自动操作。

由上述三层含义而汇总为现在公认的定义：物联网是通过射频识别（RFID）、红外感应器、全球定位系统、激光扫描器等信息传感设备，按约定的协议，把任何物品与互联网连接起来，进行信息交换和通信，以实现智能化识别、定位、跟踪、监控和管理的一种网络。

（二）物联网的特征及发展意义

1. 物联网的特征

（1）实时性

由于信息采集层的工作可以实时进行，所以，物联网能够保障所获得的信息是实时的真实信息，从而在最大限度上保证了决策处理的实时性和有效性。

（2）大范围

由于信息采集层设备相对廉价，物联网系统能够对现实世界中大范围内的信息进行采集分析和处理，从而提供足够的数据和信息以保障决策处理的有效性，随着 Ad hoc 技术的引入，获得了无线自动组网能力的物联网进一步扩大了其传感范围。

（3）自动化

物联网的设计愿景是用自动化的设备代替人工，三个层次的全部设备都可以实现自动化控制，因此，物联网系统一经部署，一般不再需要人工干预，既提高了运作效率、减少出错概率，又能够在很大程度上降低维护成本。

（4）全天候

由于物联网系统部署之后自动化运转，无须人工干预，因此，其布设可以基本不受环境条件和气象变化的限制，实现全天候的运转和工作，从而使整套系统更为稳定而有效。

2.物联网的发展意义

物联网拥有广阔的市场前景，它将新一代IT技术充分运用在各行各业中，具体来说，就是把各种感应、传感器嵌入和装备到电网、铁路、桥梁、隧道、公路、建筑、供水系统、大坝、油气管道等各种物体中，然后将物联网与现有的互联网整合起来，实现人类社会与物理系统的整合，在这个整合的网络当中，存在能力超级强大的中心计算机群，能够对整合网络内的人员、机器、设备和基础设施实施实时的管理和控制。

3.物联网的应用

物联网用途广泛，遍及智能交通、物流管理、环境保护、政府工作、公共安全、平安家居、智能消防、工业监测、老人护理、个人健康、花卉栽培、水系监测、食品溯源、敌情侦察和情报搜集等多个领域。

物联网与互联网的区别如下：

首先，物联网是在互联网的基础上，将其用户端延伸和扩展到任何物品与物品之间，进行信息交换和通信的一种概念。互联网着重信息的互联互通和共享，解决的是人与人的信息沟通问题；物联网则是通过人与人、人与物、物与物的相连，解决的是信息化的智能管理和决策控制问题。

互联网与物联网在终端系统接入方式上也不相同。互联网用户通过端系统的服务器、台式机、笔记本电脑和移动终端访问互联网资源；物联网应用系统将根据需要选择无线传感器网络或RFID应用系统接入互联网。

互联网思维影响下的企业，会在与用户终端的交互上下苦功夫，这就是传统的入口思维，也就是流量的思维。这也是我们现在手机热、手表热、手环热、App热、公众号热等热产生的一个很重要原因。

运用这样的思维方式发展到现在已经非常成熟了，其演变可形成全新的商业模式。往后就是互联网的UGC（User Generated Content，指用户原创内容）应用兴起，如Facebook、Twitter、天涯、知乎、人人、微博等。这一批UGC引领了互联网的一个时代，将人们线下的交流搬到线上，让人们能够更方便快捷地表达自己的思想。但是由于缺乏有效的管理机制，大量垃圾信息充斥人们的生活中。特别是一些你毫无兴趣的广告推送，你还不得不忍受。其实商家也很郁闷，花大价钱撒广告，结果只引起少数人关注。而物联网技术的发展，将改变这一现状，这背后其实是信息交换的问题。商家不能掌握用户喜好，用户也不知道商家到底有什么产品，两边一无法互通，传统广告无法针对目标人群投放。

除了这些，还有更重要的一点区别。直接讲比较抽象，我们不如举个例子：现在有某品牌智能空调，你到家之前可以先用手机开启它，它能保证你回家的时候家里室温刚好是你提前设定好的温度，而离家之后也不会因为忘了关空调而心疼电费，因为你随时可以在手机上把它关掉。同时，它还能自己除甲醛，控制空气湿度和氧含量，这种体验当然不赖。但是这其中还有一些问题。一是空调无法自动感知环境，就是说你需要自己关注空调的运行状态而且亲自去操作，这其实是你对"空调工作状态"及"家里空气状态"这样的信息进行了判断和处理；二是手机只能实现对空调的控制，而不能同时调节通风装置和窗户、空气净化器、加湿器等设备来让室内空气达到最好的状态。

物联网就是想改变这种现状，让空调里集成的很多类型的传感器，能够不间断地监测它周围室内的温度、湿度、光等环境的变化。比如它可以判断房间中是否有人及人是否有移动，并以此决定是否开启温度调节设备。这也是物联网对互联网的一个巨大优势：感知层的运用。而对物联网而言，这些信息的产生和传输很大程度上是主动的。人将更少地参与到信息的采集和分析中，大量不必要亲自关注的信息交给设备和网络去处理，从而能够将人从信息爆炸的困局中解脱出来。

在物联网时代，需求表达这一过程将被弱化，信息传递方式的改变将会引领商业模式的变革。虽然在技术手段上，一系列"互联网+"达到的效果与物联网已经接近了，但其思路还是存在差别的。未来会产生更多的终端并不需要用户去互动，而是自动地、智能地直接为人服务。物联网发展到一定阶段将实现由用户到制造商的逆向定制，这是智能制造技术和供应链发展的一大方向。大规模定制意味着更贴近用户需求，而且可根据市场反应实时调整产品策略。

（三）技术原理

1. 原理

物联网是指通过各种信息传感设备，如传感器、射频识别（RFID）技术、全球定位系统、红外感应器、激光扫描器、气体感应器等各种装置与技术，实时采集任何需要监控、连接、互动的物体或过程，采集其声、光、热、电、力学、化学、生物、位置等各种需要的信息，与互联网结合形成的一个巨大网络。在这个网络中，物品（商品）能够彼此进行"交流"，而无须人的干预。其实质是利用射频自动识别（RFID）技术，通过计算机互联网实现物品（商品）的自动识别和信息的互联与共享。其目的是实现物与物、物与人，所有的物品与网络的连接，方便识别、管理和控制。

物联网中非常重要的技术是射频识别（RFID）技术。RFID 是射频识别（Radio Frequency Identification）技术的英文缩写，是 20 世纪 90 年代开始兴起的一种自动识别技术，是目前比较先进的一种非接触识别技术。以简单 RFID 系统为基础，结合已有的网络技术、数据库技术、中间件技术等，构筑由大量联网的阅读器和无数移动的标签组成的，比 Internet 更为庞大的物联网成为 RFID 技术发展的趋势。

而 RFID 正是能够让物品"开口说话"的一种技术。在物联网的构想中，RFID 标签中存储着规范而具有互用性的信息，通过无线数据通信网络把它们自动采集到中央信息系统，实现物品（商品）的识别，进而通过开放性的计算机网络实现信息交换共享，实现对物品的"透明"管理。

"物联网"概念的问世打破了之前的传统思维。过去的思路只是将物理基础设施和 IT 基础设施分开：一方面是机场、公路、建筑物，而另一方面是数据中心，个人电脑、宽带等。而在物联网时代，钢筋混凝土、电缆将与芯片、宽带整合为统一的基础设施，在此意义上，基础设施更像是一块新的地球工地，世界的运转就在它上面进行，其中包括经济管理、生产运行、社会管理乃至个人生活。

2. 物联网可分为三层：感知层、网络层和应用层

感知层是物联网的皮肤和五官。感知层包括二维码标签和识读器、RFID 标签和读写器、摄像头、GPS、传感器、终端、传感器网络等，主要是识别物体，采集信息，与人体结构中皮肤和五官的作用相似。

网络层是物联网的神经中枢和大脑信息传递和处理中心。网络层包括通信与互联网的融合网络、网络管理中心、信息中心和智能处理中心等。网络层将感知层获取的信息进行传递和处理，类似于人体结构中的神经中枢和大脑。

应用层是物联网与行业专业技术的深度融合，与行业需求结合，实现行业智能化，这类似于人的社会分工，最终构成人类社会。物联网注定要催化中国乃至世界生产力的变革。

3. 物联网的关键领域

（1）RFID

电子标签属于智能卡的一类，物联网概念是 20 世纪 90 年代末 MIT Auto ID 中心主任 Ashton 教授提出来的，RFID 技术在物联网中主要起"使能"（Enable）作用。

（2）传感网

借助各种传感器，探测和集成包括温度、湿度、压力、速度等物质现象的网络，也是前总理温家宝"感知中国"提法的主要依据之一。

（3）M2M

这个词国外用得较多，侧重于末端设备的互联和集控管理，X-Internet，中国三大通信营运商在推 M2M 这个理念。

（4）两化融合

工业信息化也是物联网产业主要推动力之一，自动化和控制行业是主力，但目前来自这个行业的声音相对较少。

4. 物联网的鲜明特征

和传统的互联网相比，物联网有其鲜明的特征。

（1）各种感知技术的广泛应用

物联网上部署了海量的多种类型传感器，每个传感器都是一个信息源，不同类别的传感器所捕获的信息内容和信息格式不同。传感器获得的数据具有实时性，按一定的频率周期性地采集环境信息，不断更新数据。

（2）建立在互联网上的泛在网络

物联网技术的重要基础和核心仍是互联网，通过各种有线和无线网络与互联网融合，将物体的信息实时准确地传递出去。在物联网上的传感器定时采集的信息需要通过网络传输，由于其数量极其庞大，形成了海量信息，在传输过程中，为了保障数据的正确性和及时性，必须适应各种异构网络和协议。

（3）物联网智能处理能力

物联网不仅提供了传感器的连接，其本身也具有智能处理的能力，能够对物体实施智能控制。物联网将传感器和智能处理相结合，利用云计算、模式识别等各种智能技术，扩充其应用领域。从传感器获得的海量信息中分析、加工和处理出有意义的数据，以适应不同用户的不同需求，发现新的应用领域和应用模式。

二、移动技术（5G）

（一）基本概念

1. 定义

5G 即第五代移动电话行动通信标准，也称第五代移动通信技术，拥有每秒数十 GB 的数据传输速度，能够灵活地支持各种不同的智能设备。其中字母 G 代表 Generation(代、际)。据 IMT-2020（5G）推进组，5G 可由标志性能力指标和一组关键技术来定义。其中，标志性能力指标指"Gbps 用户体验速率"，一组关键技术包括大规模天线阵列、超密集组网、新型多址、全频谱接入和新型网络架构。5G 的特点可概括为高速率、短时延、低功耗、泛在网、可扩展。

2. 发展

由于 5G 技术将可能使用的频谱是 28GHz 及 60GHz，属极高频（EHF），比一般电信业现行使用的频谱（如 2.6GHz）高出许多。虽然 5G 能提供极快的传输速度，能达到 4G 网络的 40 倍，而且时延很低，但信号的衍射能力（绕过障碍物的能力）十分有限，且发送距离很短，这便需要增建更多基站以增加覆盖。

2009 年，华为就已经展开了相关技术的研究，并在之后的几年里向外界展示了 5G 原型机基站。

2013 年 11 月 6 日，华为宣布将在 2018 年前投资 6 亿美元对 5G 的技术进行研发与创新，并预告在 2020 年用户会享受到 20Gbps 的商用 5G 移动网络。

2013 年初中国通信院组建 5G 移动通信技术研究小组，由一种行业的顶级专家组成，对 5G 移动通信技术的关键技术及发展方向进行了探讨和明确，并制定了相关的研究框架。

2016 年 1 月，中国通信研究院正式启动 5G 技术试验，为保证试验工作的顺利开展，IMT-2020（SG）推进组在北京怀柔规划建设了 30 个站的 5G 外场。

2016 年 12 月，华为与英国电信方面宣布启动 5G 研究合作。双方将在英国电信实验室一起探索网络架构、新空口（用于连接终端和基站）、"网络切片"（运营商将更有效地将网络资源分配给特定服务）、物联网机器通信、安全技术等 5G 技术。

2017 年 6 月，中国移动 5G 北京试验网启动会召开，会议标志着由大唐电信集团建设的 5G 北京试验网正式启动。2017 年在北京、上海、广州、苏州、宁波 5 个城市启动 5G 试验，验证 3.56Hz 相网关键性能。

2017 年 11 月，工信部发布通知，正式启动 5G 技术研发试验第三阶段工作，并力争于 2018 年底前实现第三阶段试验基本目标。

2018 年 2 月，沃达丰和华为在西班牙合作采用非独立 3GPP 5G 新无线标准和 Sub 6GHz 频段完成了全球首个 SG 通话测试，华为方面表示测试结果表明基于 3GPP 标准的 5G 技术已经成熟。

2018 年 12 月 10 日，工信部正式向中国联通、中国移动、中国电信发放了 5G 系统中低频段试验频率使用许可。

2018 年 12 月 18 日，AT&T 宣布，将于 12 月 21 日在全美 12 个城市率先开放 5G 网络服务。

2018 年 12 月 27 日，在由 IMT-2020（5G）推进组组织的中国 5G 技术研发试验第三阶段测试中，华为以 100% 通过率完成 5G 核心网安全技术测试。

2019 年 4 月，华为与中国电信江苏公司、国网南京供电公司成功完成了业界首个基于真实电网环境的电力切片测试，这同时也是全球首个基于最新 3GPP 标准 5G SA 网络的电力切片测试。本次测试的成功标志着 5G 深入垂直行业应用进入一个新阶段。

（二）技术原理

在 28GHz 的超高频段，以每秒 1Gb 以上的速度，实现传送距离在 2km 范围内的数据传输。此前，世界上没有一个企业或机构开发出在 6GHz 以上的超高频段实现每秒 Gb 级以上的数据传输技术，这是因为难以解决超高频波长段带来的数据损失大、传送距离短等难题。

要把握 5G 技术命脉，确保与时俱进，需要对 5G 关键技术进行剖析与解读。

1. 高频段传输

移动通信传统工作频段主要集中在 3GHz 以下，这使得频谱资源十分拥挤，而在高频段（如毫米波、厘米波频段）可用频谱资源丰富，能够有效缓解频谱资源紧张的现状，可以实现极高速短距离通信，支持 5G 容量和传输速率等方面的需求。

高频段在移动通信中的应用是未来的发展趋势，业界对此高度关注。足够量的可用带宽、小型化的天线和设备、较高的天线增益是高频段毫米波移动通信的主要优点，但也存在传输距离短、穿透和绕射能力差、容易受气候环境影响等缺点。射频器件、系统设计等方面的问题也有待进一步研究和解决。

监测中心目前正在积极开展高频段需求研究以及潜在候选频段的遴选工作。高频段资源虽然目前较为丰富，但是仍需要进行科学规划，统筹兼顾，从而使宝贵的频谱资源得到最优配置。

2. 新型多天线传输

多天线技术经历了从无源到有源，从二维（2D）到三维（3D），从高阶 MIMO 到大规模阵列的发展，将有望实现频谱效率提升数十倍甚至更高，是目前 5G 技术重要的研究方向之一。

由于引入了有源天线阵列，基站侧可支持的协作天线数量将达到 128 根。此外，原来的 2D 天线阵列拓展成为 3D 天线阵列，形成新颖的 3D-MIMO 技术，支持多用户波束智能赋形，减少用户间干扰，结合高频段毫米波技术，将进一步改善无线信号覆盖性能。

目前研究人员正在对大规模天线信道测量与建模、阵列设计与校准、导频信道、码本及反馈机制等问题进行研究，未来将支持更多的用户空分多址（SDMA），显著降低发射功率，实现绿色节能，提升覆盖能力。

3. 同时同频全双工

最近几年，同时同频全双工技术吸引了业界的注意力。利用该技术，在相同的频谱上，通信的收发双方同时发射和接收信号，与传统的 TDD 和 FDD 双工方式相比，从理论上可使空口频谱效率提高一倍。

全双工技术能够突破 FDD 和 TDD 方式的频谱资源使用限制，使得频谱资源的使用更加灵活。然而，全双工技术需要具备极高的干扰消除能力，这对干扰消除技术提出极大的挑战，同时还存在相邻小区同频干扰问题。在多天线及组网场景下，全双工技术的应用难度更大。

4.D2D

传统的蜂窝通信系统的组网方式是以基站为中心实现小区覆盖，而基站及中继站无法移动，其网络结构在灵活度上有一定的限制。随着无线多媒体业务不断增多，传统的以基站为中心的业务提供方式已无法满足海量用户在不同环境下的业务需求。

D2D 技术无须借助基站的帮助就能够实现通信终端之间的直接通信，拓展网络连接和接入方式。由于短距离直接通信，信道质量高，D2D 能够实现较高的数据速率、较低的时延和较低的功耗；通过广泛分布的终端，能够改善覆盖，实现频谱资源的高效利用；支持更灵活的网络架构和连接方法，提升链路灵活性和网络可靠性。

目前，D2D 采用广播、组播和单播技术方案，未来将发展其增强技术，包括基于 D2D 的中继技术、多天线技术和联合编码技术等。

5. 密集网络

在未来的 5G 通信中，无线通信网络正朝着网络多元化、宽带化、综合化、智能化的方向演进。随着各种智能终端的普及，数据流量将出现井喷式的增长。未来数据业务将主要分布在室内和热点地区，这使得超密集网络成为实现未来 5G 的 1000 倍流量需求的主要手段之一。

超密集网络能够改善网络覆盖，大幅度提升系统容量，并且对业务进行分流，具有更灵活的网络部署和更高效的频率复用。未来，面向高频段大带宽，将采用更加密集的网络方案，部署小区 / 扇区将高达 100 个以上。

与此同时，越发密集的网络部署也使得网络拓扑更加复杂，小区间干扰已经成为制约系统容量增长的主要因素，极大地降低了网络能效。干扰消除、小区快速发现、密集小区间协作、基于终端能力提升的移动性增强方案等，都是目前密集网络方面的研究热点。

6. 新型网络架构

目前，Lte 接入网采用网络扁平化架构，缩短了系统时延，降低了建网成本和维护成本。未来 5G 可能采用 C-RAN 接入网架构。C-RAN 是基于集中化处理、协作式无线电和实时云计算构架的绿色无线接入网构架。

C-RAN 的基本思想是通过充分利用低成本高速光传输网络，直接在远端天线和集中化的中心节点间传送无线信号，以构建覆盖上百个基站服务区域，甚至上百平方公里的无线接入系统。C-RAN 架构适于采用协同技术，能够减少干扰，降低功耗，提升频谱效率，同时便于实现动态使用的智能化组网，集中处理有利于降低成本，便于维护，减少运营支出。

目前的研究内容包括 C-RAN 的架构和功能，如集中控制、基带池 RRU 接口定义、基于 C-RAN 的更紧密协作，如基站簇、虚拟小区等。

全面建设面向 5G 的技术测试评估平台能够为 5G 技术提供高效客观的评估机制，有利于加速 5G 研究和产业化进程。5G 测试评估平台将在现有认证体系要求的基础上平滑演进，从而加速测试平台的标准化及产业化，有利于我国参与未来国际 5G 认证体系，为 5G 技术的发展搭建腾飞的桥梁。

（三）中国 5G 技术发展前景展望

1. 中国 5G 技术发展增速较快，前景一片光明

5G 移动通信技术是通信技术不断发展和移动用户不断增多的必然产物，也受到了越来越多国家的关注和重视。从基础条件来看，中国人口众多，资源丰富，近几年经济的发

展更是带动了信息产业的超高速发展，整个数据处理能力正稳步提升，同时，中国发展5G 还具有政策红利，国家早年进行 5G 发展战略规划，另外华为等通信巨头频频完成技术突破，助力中国 5G 技术走在全球前列。

2.5G 在工业互联网领域的创新应用将是重要的经济增长点

智能制造的众多新兴领域如虚拟工厂将真正大规模投产使用，给整个制造业带来翻天覆地的格局改变。届时，5G 网络将使得柔性制造实现高度个性化生产、驱动工厂维护模式全面升级、工业机器人将直接进行生产活动判断和决策。5G 与 AI 结合将在工业互联网领域中占据核心地位，届时人和机器人将在工厂共生，带来全新的岗位分配格局和显著的低成本优势。

3.5G 技术在用户端的应用将集中于视频社交领域

从 2G 到 5G，用户的主要社交模式将经历从文字、图片、语音到视频的变革。目前，社交类视频平台依托 4G 互联网技术和移动终端的普及，用户规模增长迅速。未来 5G 网络成功实现商用后，将吸引更多移动终端用户使用社交类视频平台。5G 技术条件的成熟，将为社交类视频平台发展提供契机，未来还可通过智能技术和 VR 技术应用，进一步提升视频内容丰富度和用户交互度。

4.5G 技术的应用——机遇与挑战并存

作为新一代高科技通信技术，其发展必将带动信息产业进入高速公路，整个产业链各个环节都将随之重构。从 5G 网络的建设来说，由于系统集成与服务涉及面众多，企业无法单独实现 5G 技术；5G 发展将带来移动网络架构扁平化，这将促进存储设备在用户侧的部署，推动基站用存储设备需求增长。同时，移动通信运营商与互联网公司将从用户需求出发，深度结合。为了在未来的 5G 市场持有竞争优势，各方需要通过深入的战略规划和利益权衡来抓住机遇、迎接挑战。

（三）技术原理

在 28GHz 的超高频段，以每秒 1Gb 以上的速度，成功实现了传送距离在 2km 范围内的数据传输。此前，世界上没有一个企业或机构开发出在 6GHz 以上的超高频段实现每秒 Gb 级以上的数据传输技术，这是因为难以解决超高频波长段带来的数据损失大、传送距离短等难题。

要把握 5G 技术命脉，确保与时俱进，需要对 5G 关键技术进行剖析与解读。

1. 高频段传输

移动通信传统工作频段主要集中在 3GHz 以下，这使得频谱资源十分拥挤，而在高频段（如毫米波、厘米波频段）可用频谱资源丰富，能够有效缓解频谱资源紧张的现状，可以实现极高速短距离通信，支持 5G 容量和传输速率等方面的需求。

高频段在移动通信中的应用是未来的发展趋势，业界对此高度关注。足够量的可用带宽、小型化的天线和设备、较高的天线增益是高频段毫米波移动通信的主要优点，但也存在传输距离短、穿透和绕射能力差、容易受气候环境影响等缺点。射频器件、系统设计等方面的问题也有待进一步研究和解决。

监测中心目前正在积极开展高频段需求研究以及潜在候选频段的遴选工作。高频段资源虽然目前较为丰富，但是仍需要进行科学规划，统筹兼顾，从而使宝贵的频谱资源得到最优配置。

2. 新型多天线传输

多天线技术经历了从无源到有源，从二维 (2D) 到三维 (3D)，从高阶 MIMO 到大规模阵列的发展，将有望实现频谱效率提升数十倍甚至更高，是目前 5G 技术重要的研究方向之一。

由于引入了有源天线阵列，基站侧可支持的协作天线数量将达到 128 根。此外，原来的 2D 天线阵列拓展成为 3D 天线阵列，形成新颖的 3D-MIMO 技术，支持多用户波束智能赋型，减少用户间干扰，结合高频段毫米波技术，将进一步改善无线信号覆盖性能。

目前研究人员正在针对大规模天线信道测量与建模、阵列设计与校准、导频信道、码本及反馈机制等问题进行研究，未来将支持更多的用户空分多址 (Sdma)，显著降低发射功率，实现绿色节能，提升覆盖能力。

3. 同时同频全双工

最近几年，同时同频全双工技术吸引了业界的注意力。利用该技术，在相同的频谱上，通信的收发双方同时发射和接收信号，与传统的 TDD 和 FDD 双工方式相比，从理论上可使空口频谱效率提高 1 倍。

全双工技术能够突破 FDD 和 TDD 方式的频谱资源使用限制，使得频谱资源的使用更加灵活。然而，全双工技术需要具备极高的干扰消除能力，这对干扰消除技术提出极大的挑战，同时还存在相邻小区同频干扰问题。在多天线及组网场景下，全双工技术的应用难度更大。

4.D2D

传统的蜂窝通信系统的组网方式是以基站为中心实现小区覆盖，而基站及中继站无法移动，其网络结构在灵活度上有一定的限制。随着无线多媒体业务不断增多，传统的以基站为中心的业务提供方式已无法满足海量用户在不同环境下的业务需求。

D2D 技术无需借助基站的帮助就能够实现通信终端之间的直接通信，拓展网络连接和接入方式。由于短距离直接通信，信道质量高，D2D 能够实现较高的数据速率、较低的时延和较低的功耗；通过广泛分布的终端，能够改善覆盖，实现频谱资源的高效利用；支持更灵活的网络架构和连接方法，提升链路灵活性和网络可靠性。

目前，D2D 采用广播、组播和单播技术方案，未来将发展其增强技术，包括基于 D2D 的中继技术、多天线技术和联合编码技术等。

5. 密集网络

在未来的 5G 通信中，无线通信网络正朝着网络多元化、宽带化、综合化、智能化的方向演进。随着各种智能终端的普及，数据流量将出现井喷式的增长。未来数据业务将主要分布在室内和热点地区，这使得超密集网络成为实现未来 5G 的 1000 倍流量需求的主要手段之一。

超密集网络能够改善网络覆盖，大幅度提升系统容量，并且对业务进行分流，具有更灵活的网络部署和更高效的频率复用。未来，面向高频段大带宽，将采用更加密集的网络方案，部署小小区／扇区将高达 100 个以上。

与此同时，愈发密集的网络部署也使得网络拓扑更加复杂，小区间干扰已经成为制约系统容量增长的主要因素，极大地降低了网络能效。干扰消除、小区快速发现、密集小区间协作、基于终端能力提升的移动性增强方案等，都是目前密集网络方面的研究热点。

6. 新型网络架构

目前，Lte 接入网采用网络扁平化架构，减小了系统时延，降低了建网成本和维护成本。未来 5G 可能采用 C-RAN 接入网架构。C-RAN 是基于集中化处理、协作式无线电和实时云计算构架的绿色无线接入网构架。

C-RAN 的基本思想是通过充分利用低成本高速光传输网络，直接在远端天线和集中化的中心节点间传送无线信号，以构建覆盖上百个基站服务区域，甚至上百平方公里的无线接入系统。C-RAN 架构适于采用协同技术，能够减小干扰，降低功耗，提升频谱效率，同时便于实现动态使用的智能化组网，集中处理有利于降低成本，便于维护，减少运营支出。

目前的研究内容包括 C-RAN 的架构和功能，如集中控制、基带池 RRU 接口定义、基于 C-RAN 的更紧密协作，如基站簇、虚拟小区等。

全面建设面向 5G 的技术测试评估平台能够为 5G 技术提供高效客观的评估机制，有利于加速 5G 研究和产业化进程。5G 测试评估平台将在现有认证体系要求的基础上平滑演进，从而加速测试平台的标准化及产业化，有利于我国参与未来国际 5G 认证体系，为 5G 技术的发展搭建腾飞的桥梁。第三节 虚拟现实技术与人工智能技术

一、虚拟增强现实技术

（一）虚拟现实技术（VR）

1. 定义

虚拟实境（Virtual Reality），简称 VR 技术，也称灵境技术或人工环境，是利用电脑模拟产生一个三度空间的虚拟世界，提供使用者关于视觉、听觉、触觉等感官的模拟。

　　虚拟现实技术是一项融合了计算机图形学、数字图像处理、多媒体技术、计算机仿真技术、传感器技术、显示技术以及网络并行处理等分支信息技术的综合性信息技术。利用虚拟现实技术，可以生成模拟的交互式三维动态视景和仿真实体行为，打造出类似客观环境又超越客观时空，能够沉浸其中又能驾驭其上的自然和谐的人机关系。简而言之，虚拟现实正是由计算机创造出的让人感觉与真实世界无异的虚拟环境。

2. 基本构成

　　一个虚拟现实系统的基本构成主要包括虚拟环境、真实环境、用户感知模块、用户控制模块、控制检测模块。

　　虚拟环境包括虚拟场景与虚拟实体的三维模型。真实环境在增强现实系统中作为环境的一部分也和用户进行交互。用户感知模块包括多种感知手段的硬件设备，包括用来显示的 LCD 显示器 / 头盔显示器 HMD / 立体投影和用来发出音效的音响设备，以及各种力反馈设施。同时也包括虚拟场景的绘制软件，不仅需要负责显示三维模型和通知其他感知设备响应，而且要依照用户控制指令进行相应的修正。用户控制模块，包括头盔跟踪器、数据手套、肢体衣等硬件设施。控制检测模块则是将用户指令解释为机器语言的软件插件。

3. 虚拟现实系统分类

　　根据用户参与虚拟现实的不同形式以及沉浸程度的不同，可以把各种类型的虚拟现实系统划分为四类。

　　（1）沉浸式虚拟现实系统

　　沉浸式虚拟现实系统设计的目的是提供身临其境的完整体验，使参与者有置身于计算机生成虚拟环境中的感觉。它通常利用头盔式显示器或其他设备，把参与者的视觉、听觉和其他感觉进行多通道关联，提供一个完整的虚拟体验空间。同时利用位置跟踪器、数据手套或其他手控输入设备使得参与者能够直接和虚拟世界交互。

　　（2）增强现实型虚拟现实系统

　　增强现实型虚拟现实不仅是利用虚拟现实技术来模拟现实世界、仿真现实世界，而且要利用它来增强参与者对真实环境的感受，也就是增强在现实中无法或不方便获得的感受。

　　（3）分布式虚拟现实系统

　　分布式虚拟现实系统将分布在不同地理位置的独立虚拟现实系统通过网络进行连接，实现信息共享、多用户在共享虚拟环境内交互独立或协作完成任务。

　　（4）桌面型虚拟现实系统

　　桌面型虚拟现实系统利用个人计算机和低级工作站进行仿真，将计算机屏幕作为用户观察虚拟世界的窗口，通过各种输入设备实现与虚拟现实环境的充分交互，这些外部设备包括鼠标、键盘、追踪球、力矩球等。它允许参与者通过计算机屏幕观察 360°范围内的虚拟境界，并可以使用输入设备与虚拟场景交互并操纵其中的物体。

4. 应用领域

（1）医学应用

VR 在医学方面的应用具有十分重要的现实意义。在医学院校，处于虚拟环境中，可以建立虚拟的人体模型，借助跟踪球、HMD、感觉手套，学生可以很容易了解人体内部各器官结构，进行"尸体"解剖和各种手术练习。

（2）娱乐应用

VR 所具有的临场参与感与交互能力可以将静态的艺术（如油画、雕刻等）转化为动态的。另外，VR 提高了艺术表现能力，如一个虚拟的音乐家可以演奏各种各样的乐器，手脚不便的人或远在外地的人可以在他生活的居室中去虚拟的音乐厅欣赏音乐会等。

（3）室内设计

虚拟现实不仅是一个演示媒体，而且还是一个设计工具。运用虚拟现实技术，设计者可以完全按照自己的构思去构建装饰"虚拟"的房间，并可以任意变换自己在房间中的位置，去观察设计的效果，大大提高了设计和规划的质量与效率。

虚拟现实技术是集影视广告、动画、多媒体、网络科技于一身的最新型的房地产营销方式，是当今房地产行业一个综合实力的象征和标志，其最核心是房地产销售。同时在房地产开发中的其他重要环节包括申报、审批、设计、宣传等方面都有着非常迫切的需求。

（4）工业仿真

工业仿真系统不是简单的场景漫游，是真正意义上用于指导生产的仿真系统，它结合用户业务层功能和数据库数据组建一套完全的仿真系统，可组建 B／S、C／S 两种架构的应用。

（5）应急推演

虚拟现实的产生为应急演练提供了一种全新的开展模式，将事故现场模拟到虚拟场景中去，在这里人为地制造各种事故情况，组织参演人员做出正确响应。这样的推演大大降低了投入成本，提高了推演实训时间，从而保证了人们面对事故灾难时的应对技能，并且可以打破空间的限制方便地组织各地人员进行推演。

（6）文物古迹

利用虚拟现实技术，结合网络技术，可以将文物的展示、保护提高到一个崭新的阶段。通过计算机网络来整合统一大范围内的文物资源，并且通过网络在大范围内来利用虚拟技术更加全面、生动、逼真地展示文物，从而使文物脱离地域限制，实现资源共享。

（7）游戏应用

尽管存在众多的技术难题，虚拟现实技术在竞争激烈的游戏市场中还是得到了越来越多的重视和应用。从最初的文字MUD游戏，到二维游戏、三维游戏，再到网络三维游戏，游戏在保持其实时性和交互性的同时，逼真度和沉浸感正在一步步地提高和加强。

（8）教育应用

虚拟现实营造了"自主学习"的环境，学习者通过自身与信息环境的相互作用来得到知识、技能的新型学习方式。

它主要具体应用在科技研究、虚拟实训基地、虚拟仿真校园这几个方面。

（二）增强现实技术（AR）

1. 定义

增强现实（Augmented Reality，简称 AR），是通过计算机系统产生的三维信息增加用户对现实世界感知的技术，将虚拟的信息应用到真实世界，并将计算机生成的虚拟物体、场景或系统提示信息叠加到真实场景中，从而实现对现实的增强。在视觉化的增强现实中，用户利用头盔显示器，把真实世界与电脑图形重合在一起，便可以看到真实的世界围绕着自己。

2. 应用领域

（1）工业制造与维修领域

通过头戴显示器将多种辅助信息显示给用户，包括虚拟仪表的面板、设备的内部结构、设备零件图等。

（2）医疗领域

医生可以利用增强现实技术，在患者需要进行手术的部位创造虚拟坐标，进行手术部位的精准定位。

（3）电视转播领域

通过增强现实技术可以在转播体育比赛的时候实时地将辅助信息（比如球员数据）叠加到转播画面中，使得观众可以得到更多的信息。

（4）娱乐、游戏领域

增强现实游戏可以让位于不同地点的玩家，结合 GPS 和陀螺仪，以真实世界为游戏背景，加入虚拟元素，使游戏虚实结合。

（5）教育领域

增强现实技术可以将静态的文字、图片读物立体化，增加阅读的互动性、趣味性。

（6）古迹复原和数字化文化遗产保护

文化古迹的信息以增强现实的方式提供给参观者，用户不仅能获取古迹的文字解说，还能看到遗址上残缺部分的虚拟重构。

（7）旅游、展览领域

人们在浏览、参观的同时，通过增强现实技术将接收到途经建筑的相关资料，观看展品的相关数据资料。

（8）市政建设规划

采用增强现实技术将规划效果加到真实场景中，可直接获得规划的效果。

（三）混合现实技术（MR）

1. 定义

混合现实技术（MR）是虚拟现实技术的进一步发展，该技术通过在现实场景呈现虚拟场景信息，在现实世界、虚拟世界和用户之间搭起一个交互反馈的信息回路，以增强用户体验的真实感。

2. 设备

目前混合现实主要分为两种类型：

（1）头戴显示设备（HUD）

是指将一些图像和文字添加到用户的视野中，并且附加在真实世界目标的表面上。主要应用在娱乐、培训与教育、医疗、导航、旅游、购物和大型复杂产品的研发中。

（2）增强现实

是指除将内容和文字显示在显示目标上面之外，还可以通过计算机生产的对象与真实世界目标进行互动和交流。包括 Sphero BB-8 玩具的智能手机 App 以及 HoloLens、Magic Leap 等。

3. 相关技术

（1）虚拟化技术

是指将现实的人和物体虚拟化、数字化，达到让计算机能够将现实的人和物体合成进虚拟空间的技术。比如拍摄电影时，演员身上穿着的捕捉动作用的定向反射材料；通过旋转单镜头摄像头，拍摄一个物体的多角度图像，再通过合成技术生成生物体的3D建模等。

（2）感知技术

是指通过感知人体，尤其是手部动作，来传递相应信息给显示设备，让设备响应人们的动作。这些感知动作，可以通过摄像头、红外线、Lidar、重力加速计以及陀螺仪等设备实现。

（3）底层处理和传输技术

混合现实的显示需要大量的实时演算来响应感知器传递来的用户的大量动作信息，并且生成图像呈现在眼前。高速的网络传输让图像数据快速传输成为可能，5G 网络的到来更是增强了网络高速传输的实力。

4. 应用领域

（1）视频游戏

真正的混合现实游戏，是可以把现实与虚拟互动展现在玩家眼前的。MR 技术（混合现实）能让玩家同时保持与真实世界和虚拟世界的联系，并根据自身的需要及所处情境调整操作。类似超次元 MR=VR+AR= 真实世界 + 虚拟世界 + 数字化信息，简单来说就是

AR 技术与 VR 技术的完美融合以及升华，虚拟和现实互动，不再局限于现实，获得前所未有的体验。

（2）医疗创变与教育变革

如今，不少教育和医疗机构正利用以 MR、AI 技术为代表的新科技，扬帆起航，整合国内外一线 IT 技术团队、知名教育医疗品牌网络和学校医院的管理团队，以他们的专业视角、敏锐的分析，把握当今最新医疗和教育的科技脉搏，为传统的"医疗影像呈现技术"和"交互式教育环境营造"插上高科技的翅膀。

（3）广电制播

提到广电制播，大家一定会联想到各类科幻电影中，为了让影片具备想象力，常常会加入虚拟人物（生物）与人类演员之间的互动特效。过去这类片段，大部分的虚拟人物都是在前期拍摄，再利用 CG 后期渲染叠加形成特效。

通过 MR 技术，用户能够快速准确地扫描真实场景，并将事先制作的动画和模型精准定位，通过与全息影像互动来延展创作思路，展示 3D 效果，尤其是在普通的微电影创作和电视综艺直播中。比如，电影发行方创奇影业使用微软 HoloLens，通过 Actiongram 应用将兽人带到现场，并且与魔兽演员罗伯特·卡辛斯碰拳互动。

（4）汽车设计制造

汽车设计制造是一个流程复杂/周期较长的过程。单就造型设计而言就大致包含草图、胶带图、CAS、设计评审，到油泥模型、材料的选择等过程。

MR 技术能让设计师在量产车型的基础上看到真实比例的 3D 设计，帮助工程师和用户了解车辆的复杂信息。或者，在真实的汽车物体上添加新的概念和创意，对车型进行快速迭代和更新，将造车流程加速。

二、虚拟增强现实技术原理

（一）虚拟现实技术

虚拟现实是多种技术的综合，包括实时三维计算机图形技术，广角（宽视野）立体显示技术，对观察者头、眼和手的跟踪技术以及触觉／力觉反馈、立体声、网络传输、语音输入输出技术等。

1. 实时三维计算机图形

相比较而言，利用计算机模型产生图形图像并不是太难的事情，但是这里的关键是实时。例如在飞行模拟系统中，图像的刷新相当重要，同时对图像质量的要求也很高，再加上非常复杂的虚拟环境，问题就变得相当困难。

2. 显示技术

用户（头、眼）的跟踪：在人造环境中，每个物体相对于系统的坐标系都有一个位置与姿态，用户也是如此。用户看到的景象是由用户的位置和头（眼）的方向来确定的。跟踪头部运动的虚拟现实头套：在传统的计算机图形技术中，视场的改变是通过鼠标或键盘来实现的，用户的视觉系统和运动感知系统是分离的，而利用头部跟踪来改变图像的视角，用户的视觉系统和运动感知系统之间就可以联系起来，感觉更逼真。另一个优点是，用户不仅可以通过双目立体视觉去认识环境，而且可以通过头部的运动去观察环境。

3. 声音技术

人能够很好地判定声源的方向。在水平方向上，我们靠声音的相位差及强度的差别来确定声音的方向，因为声音到达两只耳朵的时间或距离有所不同。常见的立体声效果就是靠左右耳听到在不同位置录制的不同声音来实现的，所以会有一种方向感。现实生活里，当头部转动时，听到的声音的方向就会改变。但目前在 VR 系统中，声音的方向与用户头部的运动无关。

4. 感觉反馈技术

在一个 VR 系统中，用户可以看到一个虚拟的杯子。你可以设法去抓住它，但是你的手没有真正接触杯子的感觉，并有可能穿过虚拟杯子的"表面"，而这在现实生活中是不可能的。解决这一问题的常用装置是在手套内层安装一些可以振动的触点来模拟触觉。

5. 语音技术

在 VR 系统中，语音的输入输出也很重要。这就要求虚拟环境能听懂人的语言，并能与人实时交互。而让计算机识别人的语音是相当困难的，因为语音信号和自然语言信号有通过听、看、摸、闻虚拟信息，来增强对现实世界的感知，实现了从"人去适应机器"到技术"以人为本"的转变。

（二）解决方案

随着虚拟现实在制造、交通、医疗、教育、文化传播、旅游等领域的应用快速铺开，行业级产品的产能在未来将进一步释放，成为市场增长的主力。以下为虚拟现实技术在一些行业的解决方案。

1. 工业仿真系统解决方案

工业仿真已经被世界上很多企业广泛地应用到工业的各个环节，对企业提高开发效率，加强数据采集、分析、处理能力，减少决策失误，降低企业风险起到了重要的作用。工业仿真技术的引入，将使工业设计的手段和思想发生质的飞跃，使展销会更体现企业的实力，使传统的平面的维修手册三维电子化、交互化。同时，在培训方面内部员工与外部客户通过生动有趣的实物再现，大大提高学习的积极性及主动性，配以理论和实际相结合，使得理论培训方面的周期和效率得到极大的提高。

2.航天仿真虚拟现实系统解决方案

人机界面具有三维立体感，人融于系统，人机浑然一体。以座舱仪表布局为例，原则上应把最重要且经常查看的仪表放在仪表板中心区域，次重要的仪表放在中心区域以外的地方，这样能减少航天员的眼动次数，降低负荷，同时也让其注意力落在重要仪表上。但究竟哪块仪表放在哪个精确的位置，以及相对距离是否合适，只有通过实验确定。因此利用 VR 作为工具设计出相应具有立体感、逼真性高的排列组合方案，再逐个进行实验，使被试处于其中，仿佛置身于真实的载人航天器座舱仪表板面前就能得到客观的实验效果。

3.虚拟实验室解决方案

虚拟实验室是一种基于 Web 技术、虚拟仿真技术构建的开放式网络化的虚拟实验教学系统，是现有各种教学实验室的数字化和虚拟化。虚拟实验室由虚拟实验台、虚拟器材库和开放式实验室管理系统组成。虚拟实验室为开设各种虚拟实验课程提供了全新的教学环境。虚拟实验台与真实实验台类似，可供学生自己动手配置、连接、调节和使用实验仪器设备。教师利用虚拟器材库中的器材自由搭建任意合理的典型实验或实验案例，这一点是虚拟实验室有别于一般实验教学课件的重要特征。

4.虚拟装配系统解决方案

虚拟装配维修技术改变了传统的产品串行制造模式，实现了产品设计、工艺设计、工装设计的并行工程，因而降低了产品研制风险，缩短了产品研制周期，减少了开发成本。在产品实际（实物）装配之前，通过装配过程仿真，及时地发现产品设计、工艺设计、工装设计存在的问题，有效地降低装配缺陷和产品的故障率，减少因装配干涉等问题而进行的重新设计和工程更改。因此，保证了产品装配、维修的质量。

5.物流仿真系统解决方案

物流仿真系统是采用虚拟现实技术所开发的具备物流系统所有功能（物流过程、操作、控制、性能、安装、维护等）的虚拟系统。通过物流仿真系统，可以预演或再现物流系统的运行规律，对物流系统的规划、设计和运行中的科学管理与决策有重要的支持作用。

三、人工智能技术概念

（一）定义

人工智能（Artificial Intelligence），英文缩写为 AI。它是研究、开发用于模拟、延伸和扩展人的智能的理论、方法、技术及应用系统的一门新的技术科学。它企图了解智能的实质，并生产出一种新的能人类智能相似的方式做出反应的智能机器。研究目的是促使智能机器会听（语音识别、机器翻译等）、会看（图像识别、文字识别等）、会说（语音合成、人机对话等）、会思考（人机对弈、定理证明等）、会学习（机器学习、知识表示等）、会行动（机器人、自动驾驶汽车等）。

人工智能关键在于它必须能够感知外部事物，对事物的本质能进行推断，然后会自动行动做出处理动作，而且还能够根据不断积累的经验进行调整。简单地说，能够做到感知外部事物、具有推断的能力、自动行动、调整优化这四步骤就算是人工智能。

人工智能可分为以下三种类型：①弱人工智能：包含基础的、特定场景下角色型的任务，如 Siri 等聊天机器人和 AlphaGo 等下棋机器人；②通用人工智能：包含人类水平的任务，涉及机器的持续学习；③强人工智能：指比人类更聪明的机器。

（二）发展特点

经过多年的发展之后，人工智能已经开始走出实验室，进入产业化阶段。具体表现出以下几个方面的特点。

1. 深度学习技术逐渐在各领域开始应用

深度学习能够通过数据挖掘进行海量数据处理，自动学习数据特征，尤其适用于包含少量未标识数据的大数据集；采用层次网络结构进行逐层特征变换，将样本的特征表示变换到一个新的特征空间，从而使分类或预测更加容易。

2. 新型算法不断探索

在深度学习应用逐步深入的同时，学术界也在继续探索新的算法。一方面，继续深度学习算法的深化和改善研究，如深度强化学习、对抗式生成网络、图网络、迁移学习等。另一方面，一些传统的机器学习算法重新受到重视，如贝叶斯网络、知识图谱等。另外，还有一些新的类脑智能算法提出，将脑科学与思维科学的一些新的成果结合到神经网络算法之中，形成不同于深度学习的神经网络技术路线，如胶囊网络等。

3. 新型计算基础设施陆续成为产业界发展目标

由于深度学习对算力有较高的需求，因此相继出现了一些专门的计算框架和平台，如微软的 CNTK、百度的 PaddlePaddle 等。产业界同时也从硬件方面探索计算能力的提升方法，最为直接的方法就是采用计算能力更强的 GPU 替代原有的 CPU 等。此外，谷歌、IBM 等一些大型企业也在探索进行符合自身计算环境的芯片研发，因此产生了 TPU 等性能更加卓越的新型芯片。此外，人机一体化技术导向混合智能，各种穿戴设备脑控或肌控外骨骼机器人、人机协同手术等实现生物智能系统与机器智能系统的紧密耦合。

4. 人工智能将加速与其他学科领域交叉渗透

人工智能本身是一门综合性的前沿学科和高度交叉的复合型学科，其发展需要与计算机科学、数学、神经科学和社会科学等学科深度融合。随着超分辨率光学成像、透明脑、体细胞克隆等技术的突破，脑与认知科学的发展开启了新时代，能够大规模、更精细解析智力的神经环路基础和机制，人工智能将进入生物启发的智能阶段，依赖于生物学、脑科学、生命科学和心理学等学科的发现，将机理变为可计算的模型，同时人工智能也会促进传统科学的发展。

（三）技术原理

人工智能学科研究的主要内容包括知识表示、自动推理、机器学习和知识获取、自然语言理解、计算机视觉、智能机器人、自动程序设计等方面。

1. 知识表示

知识表示是指把知识客体中的知识因子与知识关联起来，便于人们识别和理解知识。计算机知识的表示就是对知识的一种描述，或者说是对知识的一组约定，一种计算机可以接受的用于描述知识的数据结构。表示可视为数据结构及其处理机制的综合：表示 = 数据结构 + 处理机制。如在 ES（专家系统）中知识表示是 ES 能够完成对专家的知识进行计算机处理的一系列技术手段。在 ES 中知识是指经过编码改造以某种结构化的方式表示的概念、事件和过程。

2. 自动推理

自动推理早期的工作主要集中在机器定理证明。机器定理证明的中心问题是寻找判定公式是不是有效的（或是不一致的）通用程序。自动推理的方法包括：

（1）归结原理

将普通形式逻辑中充分条件的假言连锁推理形式符号化，并向一阶谓词逻辑推广的一种推理法则。归结原理是一种推理规则。从谓词公式转化为子句集的过程中看出，在子句集中子句之间是合取关系，其中只要有一个子句不可满足，则子句集就不可满足。若一个子句集中包含空子句，则这个子句集一定是不可满足的。归结原理就是基于这一认识提出来的。

（2）自然演绎法

从一般性的前提出发，通过推导即"演绎"，得到具体陈述或个别结论的过程。

3. 机器学习

机器学习是一门多领域交叉学科，涉及概率论、统计学、逼近论、凸分析、算法复杂度理论等多门学科。它是人工智能的核心，是使计算机具有智能的根本途径。

一个学习系统总是由学习和环境两部分组成。由环境（如书本或教师）提供信息，学习部分则实现信息转换，学生用能够理解的形式记忆下来，并从中获取有用的信息。学习策略的分类标准就是根据学生实现信息转换所需的推理多少和难易程度来分类的，依从简单到复杂、从少到多的次序分为以下六种基本类型。

（1）机械学习

学习者无须任何推理或其他的知识转换，直接吸取环境所提供的信息。这类学习系统主要考虑的是如何索引存贮的知识并加以利用。

（2）示教学习

学生从环境（教师或其他信息源如教科书等）获取信息，把知识转换成内部可使用的表示形式，并将新的知识和原有知识有机地结合为一体。

（3）演绎学习

所用的推理形式为演绎推理。推理从公理出发，经过逻辑变换推导出结论。这种推理是"保真"变换和特化（Specialization）的过程，这种学习方法包含宏操作（Macro-operation）学习、知识编辑和组块（Chunking）技术。演绎推理的逆过程是归纳推理。

（4）类比学习

利用两个不同领域(源域、目标域)中的知识相似性，可以通过类比，从源域的知识(包括相似的特征和其他性质)推导出目标域的相应知识，从而实现学习。类比学习需要比上述三种学习方式更多的推理。它一般要求先从知识源(源域)中检索出可用的知识，再将其转换成新的形式，用到新的状况，(目标城)中去。

（5）基于解释的学习

学生根据教师提供的目标概念、该概念的一个例子、领域理论及可操作准则，首先构造一个解释来说明为什么该例子满足目标概念，然后将解释推广为目标概念的一个满足可操作准则的充分条件。

（6）归纳学习

归纳学习是由教师或环境提供某概念的一些实例或反例，让学生通过归纳推理得出该概念的一般描述。归纳学习是最基本的、发展也较为成熟的学习方法，在人工智能领域中已经得到广泛的研究和应用。

4. 知识获取

知识获取是指从专家或其他专门知识来源汲取知识并向知识型系统转移的过程或技术。知识获取和知识型系统建立是交叉进行的。

计算机可通过以下几种基本途径直接获取知识：①借助知识工程师从专家那里获取；②借助于智能编辑程序从专家获取，MYCIN 系统的知识获取程序 TEIRESIAS 就采用了这种方式；③借助归纳程序从大量数据中归纳出所需知识；④借助文本理解程序从教科书或科技资料中提炼出所需知识。

5. 自然语言理解

自然语言处理研究能实现人与计算机之间用自然语言进行有效通信的各种理论和方法。

自然语言理解分为语音理解和书面理解两个方面。语音理解用口语语音输入，使计算机"听懂"语音信号，用文字或语音合成输出应答。书面理解用文字输入，使计算机"看懂"文字符号，也用文字输出应答。

自然语言理解最典型的两种应用为搜索引擎和机器翻译。搜索引擎可以在一定程度上理解人类的自然语言，从自然语言中抽取出关键内容并用于检索，最终达到搜索引擎和自然语言用户之间的良好衔接，可以在两者之间建立起更高效、更深层的信息传递。

事实上，搜索引擎和机器翻译不分家，互联网、移动互联网为其充实了语料库使得其发展模态发生了质的改变。互联网、移动互联网除了将原先线下的信息（原有语料）进行在线化之外，还衍生出新型 UGC 模式：知识分享数据，像维基百科、百度百科等都是人为校准过的词条；社交数据，像微博和微信等展现用户的个性化、主观化、时效性；社区、论坛数据，像果壳、知乎等为搜索引擎提供了问答知识、问答资源等数据源。

另一方面，因为深度学习采用的层次结构从大规模数据中自发学习的黑盒子模式是不可解释的，而以语言为媒介的人与人之间的沟通应该要建立在相互理解的基础上，所以深度学习在搜索引擎和机器翻译上的效用没有语音图像识别领域来得显著。

第三章　数字媒体产业经营

第一节　数字媒体内容分析

"渠道为先，内容为王"在信息论里，信息必须寄存于载体，而载体又呈现物质性。信息转移的实现在于不同物质载体之间的表象转换，而信息的存储、处理、传递等过程就是载体表象的转换过程。然而，表象只是手段而不是实质，只有信息所表达的内容才是实质。传统媒体如此，数字媒体的出现更加证实了这一共识。从本质上说，数字媒体是内容的新的发行平台和传送渠道。随着网络电视、手机、数字电影、数字游戏、网络出版等数字媒体的崛起，传统媒体的收入来源被分流；同时，发行平台的增多会导致对优秀内容的需求越来越旺盛，平台之间的竞争会极大地拉升优秀内容的价值。

一、数字媒体的内容及其形态

从传播学的角度来看，媒体传播的内容主要包括信息内容本体及其表现形式，前者是内容系统中所包含的特定意义，而后者则是内容系统的传播方式，两者共同构成了传播活动的内容环节。需要注意的是，在媒体传播中，媒体传播的形态即内容系统的传播方式对内容也是有着很大的影响空间，从某种角度来看，往往都是特定的内容形态在决定着传播内容的构建。

（一）数字媒体内容的特点

美国哥伦比亚大学信息研究院研究员约翰·凯里教授认为新媒体内容是"一种混合体"。英国电信实验室蒂姆·里甘博士将新媒体内容描述为"物质的、混沌的合成实体"。因此，可以将数字媒体内容理解为，它是以数字媒体技术为传送渠道的电视媒体内容、网络媒体内容、平面媒体内容，以及其他信息内容的适度"混合"，依据受众需求和交合作用所形成的新型的多媒体、多层次的信息形态。

数字媒体内容不仅包含了传统媒体的内容，而且向更大范围的多媒体内容不断扩展。传统媒体的转换过程单一，比如电视就只把目光集中于摄像机的采集、编辑机的处理和录像带的载体，把信息寄托于成为过去的传统技术条件。受到模拟技术的限制，信息在传递和转换过程中生成的噪声、失真等信息冗余，很大程度上降低了信息的传送效率，破坏了平台对内容的描述，使得从信源到信宿的传递过程只能尽量缩短，不可相对无限延伸，只能用于少数系统，不可相对无限转换。而数字媒体则不同，随着数字技术手段的增加、信息量的提高和物质载体的多样化，信息转换变得既显现广域性，又显现多层性，比如数字电视的系统采集不仅包括摄像机，还包括网络；视频处理不仅包括图像，还包括数据；传递方式不仅包括广播的单向，还包括交互的双向；，等等。如此，数字媒体平台上所表达的信息内涵与外延将被扩大，导致数字媒体的内容信息量远远大于传统媒体内容。

随着数字媒体的兴起与发展，其传播内容本身也发生着重大的变化，许多"新内容"是为各种数字媒体量身定做的，比如，针对手机的移动媒体内容就具备特定的特征，以适应手机屏幕小、流转性高和及时性强的特点。不同的数字媒体服务平台在提供本身特定的新内容服务的同时，也融合着其他平台传播的内容，跨媒体、跨平台的内容整合已经成为一种趋势。

由此可见，数字媒体传播的内容是纷繁复杂的，数字媒体内容不仅具备了传统媒体内容的特点，同时也具备了数字媒体技术所支撑和拓展的新内容的特点。

尽管诸如计算机网络、个人数字应用、虚拟现实和非线性编辑等数字媒体技术日趋成熟，激动人心的新型媒体平台爆炸式增长，但是，如果没有高质量的内容，它们将什么都不是。媒体以内容为王，数字媒体技术为内容传送提供了更多渠道的同时，也对内容提出了更高的质和量上的要求，进一步加剧了内容需求的压力。但就数字电视来说，数字电视将电视频道由几十个扩展到几百个，由此产生巨大的视频节目内容需求，使我国本来就匮乏的内容市场面临更大的压力。所以说，数字媒体技术变革给传媒及内容提供商带来了空前的产业发展机遇，也带来了巨大的挑战。

（二）数字媒体内容的形态特征

由于数字媒体平台上所表达的信息内涵与外延将被进一步扩大，数字媒体的内容信息量也远远大于传统媒体内容。因此，只是希望传统媒体将传统内容进行简单的平移而转到数字媒体，以实现数字媒体的内容提供，这是不可能充分发挥数字媒体的特点和优势的。数字媒体内容必须根据自身的技术特点和传播特性，创造新内容产品，提升核心竞争力，形成自己的异于其他媒体内容的形态特征，这些内容形态应该表现出自己的独到之处。

相对来说，媒体的内容形态容易进行改变，但构建适合不同数字媒体服务的内容形态的依据仍然是受众的需求，也就是说，只有用户基础达到一定规模时，才能甄别和确认最佳的内容形态。目前，数字媒体还处在发展初期，还没有形成大规模的用户基础，没有形成规模经济，再加上传统媒体已经拥有丰富的内容储备，其中部分内容经过充分外延设计后，可以形成适应新渠道和新传播方式的数字媒体内容产品，因此，为了控制成本，发挥已有优势，目前数字媒体的内容大部分还依赖于传统内容的编辑经验。由于商用不成熟，现在国内大规模制作数字媒体内容很少有直接通过数字媒体盈利的，比如，一些公司拍摄手机电视短片，仍然要通过传统的渠道进行发行。在今后较长的时间内，数字媒体与传统媒体仍然将是共存的关系，数字媒体只是依托自身技术与平台优势为不同的用户消费需求提供新的内容形态。内容供应商要转变观念，内容的生产要符合需求，传统形式的内容供应商应该借助于数字媒体的服务平台提供新形式的内容服务，比如以网络供应商的形式出现。但是，随着数字媒体产业的发展，内容供应的格局会进一步明晰，内容提供商也会面临真正的竞争。

就目前数字媒体内容的形态而言，其特征主要体现在以下几个方面。

1. 以质取胜

传统媒体具有海量的内容，而数字媒体由于其内容传播方式的数字技术特征，如易于大量复制，快速传播，并且边际成本极低几乎接近于零，所以数字媒体在量上比传统媒体更加具有优势。但是数字媒体在发展初期，还没有大规模的用户，没有形成规模经济，其量上的优势无法体现。因此，当务之急是以内容赢得更广泛的用户，注重内容的质，满足个性化用户群体的需求。就目前来说，数字媒体的内容并不是以量取胜，而需要针对不同数字媒体形态和数字媒体用户的需求设计有创意和体现数字媒体优势的精品。

2. 针对受众

数字媒体在发展初期最先吸引到的受众主要是年轻群体，他们更加乐于尝试新鲜事物。因此，数字媒体的内容形态也应针对年轻人的口味进行制作。对于内容供应商，关键要做好原创内容。不论形势怎么变化，都要抓住原创内容。但要不断研究如何用适当的表达方式，来传播自己的原创内容，适应新的载体。

在传统媒体内容提供上承担重要角色的通信社，数字媒体平台为其提供了更多的载体选择。通信社要抓住数字媒体不断涌现的机会，不断发展供稿对象，在稿件的不可替代性上下功夫。而且在写法上适合数字媒体传播的特点，一定要站在客户角度，认真考虑用什么样的形式来采写新闻稿。要抓住年轻受众，学会用年轻人的思维讲故事，可以在稿件中采用一些年轻人常用的话语。用图表、动漫等新形式来表现新闻，尤其是财经类新闻，这也将适应数字媒体的要求，简单、明了、易读。

总而言之，数字媒体要针对受众，抓住受众，需要的是具有必看性的内容，或者说，对用户黏性高的内容。

3. 注重互动

在数字媒体内容形态中，应用最频繁的当属互动内容，互动式、伴随式成为手机电视、宽频网络应用的主力。互动性也是满足数字媒体用户的需求的结果。用户可以一边看电视节目一边播放音乐，同时还参与节目的投票，还可以对信息进行检索。个人计算机用户对于游戏、论坛、互动社区等体现参与性的应用需求高涨。体育、真人秀等容易构成伴随式应用的节目最受宽频电视用户的欢迎，互动电视的应用会在网络上形成爆炸式增长。数字媒体的一个特点是内容与服务不可分。因此，内容要增加视频点播、互动等服务，包括传统媒体制作的内容都要考虑和互联网对接。

4. 对应平台

传统形式的内容形态并不能简单平移到数字媒体的内容形态上。需要针对不同数字媒体服务平台的形态特征设计相应的内容创意和制作流程，从而构成新的内容形态。在视频新闻方面，新华社与中国联通合作专门为手机量身打造的"新华视讯"，节目形式为 30 秒以内的口播新闻，以近景镜头为主，字幕字号更大，适合在手机上播放。随着数字媒体与传统媒体的结合，可以实行手机跟电视直播节目相互补充的机制，例如体育比赛等传统电视已经播放过的内容可以通过手机回放，特别是在一些关键点进行回放，可以有效补充传统电视媒体的不足，能够让消费者感觉到参与的乐趣。当然，在手机电视上转播足球比赛时，整个足球场几秒钟带过，运动员的近景和特写才是主要的镜头。

二、数字媒体内容的服务建构

如今，传统媒体每天传播的信息量不及互联网的四分之一，数字媒体传播的内容日益丰富，其服务建构也随之发生转变。在数字媒体飞速发展的进程中，主要是四个重要阵营建构了数字媒体内容服务的架构体系：一是拥有传统媒体内容资源优势的内容提供商；二是提供通道的电信运营商和移动运营商；三是已经在互联网领域站稳脚跟的门户网站；四是作为数字媒体内容供应的新型力量的新媒体受众。这几股力量都希望依靠自己所具备的某一方面的优势在数字媒体的内容服务上有所斩获。但是，至少在现在，这些力量在数字媒体的拓展上，都或多或少地遭遇了内容稀缺的瓶颈与难题。

（一）传统媒体内容提供商

数字媒体与传统媒体互补性关系的显露，使得人们对数字媒体产品的形态认识逐渐清晰，数字媒体内容并不是传统媒体内容的简单平移，而是需要产品形态的变革，在这一转变中，传统媒体原创内容的优势依然可以得到发挥，搭平台、改形态，这是传统媒体进军数字媒体内容产业的必由之路。

拥有传统媒体内容资源优势的内容提供商，如报社、电视台、广播电台、大型出版公司、唱片发行公司等，在"内容为王"和知识产权监控日益规范的今天和未来，拥有相当多的发展机会。比如，它们可以联合拥有关键技术的移动媒体服务集成商，也向移动媒体服务集成领域进军，对完全没有内容资源的纯服务集成商构成威胁。比如，传统广播电视节目的供应商在近几年对节目形态、生产流程、组织形态都进行了改变，用网络来统合电视，组织网络人才熟悉、学习电视媒体，对员工采取新的培训模式，力求成为数字媒体内容供应商，希望在数字媒体格局中占得一席之地。

大型传统内容提供商在内容集成方式上发生变化，过去几十个人才能维持一个 30 分钟日播栏目的正常运转，制作成本大，现在一个日播 16 小时的频道只需要三个人，主要是做编辑，集成内容，确定选题，在全世界市场征寻内容和节目并进行购买。原则是成本第一，根据成本决定是否自己制作。正是现在的内容商没有转变观念和生产方式，所以觉得内容匮乏，实际上内容资源很丰富。维持一个主题频道正常运行，一年有 1400 小时的节目就够了，在美国成熟的频道只需要 700~800 小时的节目量。在集成方式上，上海文广的数字电视采用的是内容平移方式，把文广播出的上海本地频道打包进入数字频道。而央视风云采用的是整体加工方式，央视有 40 万小时的节目库，风云现在有 5000 小时。央视风云确定的理念是，以受众需求为宗旨，将创意新电视的理念贯彻到具体的节目生产中，在频道内容上充分重视产品的差异化和服务的个性化，靠提供独特或独家的内容来吸引受众。央视风云现有 12 个集成频道，引进了 HBO 最新摄制的影片、美国国家地理频道的纪录片、韩国 KBS 电视台的电视剧等境外优秀节目。经过多年的经营，央视风云已有自己的专业供货商、销售网络和渠道，成为央视风云的主要竞争力，别的频道要想形成规模，在供货商寻找、询价能力上都有一定差距。由此可见，集成方式是大型传统内容提供商获取最好的节目内容的途径。

而小型传统内容供应商由于习惯于传统的内容生产链，很容易对新的形态掉以轻心，失去机会。但是，已有不少传统民营内容供应商希望改变以往纯做内容供应的局面，依靠数字媒体，进入内容集成、渠道等领域。比如，传统广播电视节目的供应商唐龙公司在这两年对节目形态、生产流程、组织形态都进行了改变，用网络来统合电视，组织网络人才熟悉、学习电视媒体，对员工采取新的培训模式，力求成为数字媒体内容供应商，希望在数字媒体格局中占得一席之地。

（二）电信运营商和移动运营商

提供通道的电信运营商和移动运营商也纷纷通过各种途径介入内容提供的行列。一些通信网络运营公司自己或者通过委托创意公司正逐渐转向数字媒体内容生产，比如，移动通信公司开发手机报、手机刊等。大批城市的创意园区、文化园区，也正在为数字媒体提供内容软件。此外，它们还利用资本或分享利益的手段控制上游的内容提供商。

（三）互联网的门户网站

已经在互联网领域站稳脚跟的门户网站开始利用自身的渠道优势，直接参与数字媒体的内容供应。比如，搜狐公司全资成立了搜狐娱乐文化传媒有限公司，决意要让搜狐全力拓展娱乐文字和多媒体方面的内容报道和传播，通过自创和合作来打造一个强势的娱乐传媒，并宣称这个公司不光是做经纪人，还要拍电影、电视剧，拍完以后再卖给电视台。而其竞争对手新浪早已成为中国的"第一媒体"，拥有多达 500 人的编辑队伍开展内容自创。

在自创内容上，雅虎走得更远，雅虎曾经就有意把真人秀、脱口秀等自己投资制作的电视节目内容搬到互联网上，不过一年之后，雅虎调整了内容建设路线，还是以整合内容为主，因为它自己生产内容的话，它的内容提供商就把它从一个潜在的分销商看成是真正的竞争者了。

（四）新媒体受众

数字媒体技术，特别是网络世界和数字媒体处理的重叠领域，正在重新定义媒体内容来源这一概念。在数字媒体的环境下，传统的内容提供者仍将占据一席之地，而新的内容提供商也将扮演重要角色。但是，也许最多的内容将由那些传统意义上被视为媒体消费者的受众提供。数字媒体内容的互动性特征决定了媒体消费者和内容制作者的界限日益模糊，受众将成为重要的内容提供者和塑造者。新媒体受众正逐步成为数字媒体内容供应的新型力量。商业化媒体系统自身也在经历着罗杰·菲尔德所谓的"传媒篡改"，即日益远离被动的、漫无目的的内容输出，而逐渐走向更高目标层次的消息传递，同时，将互联网中推进（Push）和拉取（Pull）这两种最优秀的技术结合起来。但这也是一把双刃剑，数字媒体引擎既是商人的天堂，也是消费者隐私的梦魇。虽然大部分受众还停留在被动的、惯于待在家中等待节目内容的状态，但也有很多受众特别是较年轻的受众层，已经进入互动式的参与模式中来，就如现在互联网上日益流行的网络社区、博客与播客、群组等。此类数字媒体平台基本上都是依赖于受众提供的内容。

在日益增长的互动和在线传播系统中，受众也迅速变成媒体内容的共创者。数字媒体受众作为一股新兴的内容提供力量将在很大程度上解决内容产业时代内容稀缺的问题，不容小觑。

三、数字媒体内容的创新发展

数字媒体产品将以数字形式存在。产品将迅速朝多媒体形式发展，在互联网和万维网上，这种趋势尤其明显。而内容也将缓慢地从以往作为旧式媒体的延伸，发展成为更具实验性和新颖性的内容种类、更具创新力和互动性的内容产品。

（一）为新媒体定制的新内容

不同的数字媒体平台需要定制式和个性化的内容，如果简单地将传统媒体内容平移，这将使新媒体的数字优势变为徒劳，数字媒体的创新内容是要能充分发挥各服务特点的内容产品。例如，手机电视上一定要有适合手机播放的内容，节目的单位时间短，近景和特写镜头居多，声效清晰且简单。这些内容可能是情景视频或搞笑超短剧，也可能是某一部电视剧或电影的衍生手机版短片或者定制游戏。

（二）传统媒体与数字媒体的跨媒体内容

传统的节目制作生产流程，无论是现场直播，还是视音频的传播，都只是播出而没有服务环节。而数字媒体在有内容的同时还要有服务，比如提供 VOD 视音频文件，还有 EPG 电子节目指南，还有互动议程和播出中服务，还有电子商务等应用。当然，这种跨媒体与我们业已熟悉的电影电视内容跨媒体分销的概念不同，传统媒体与数字媒体的跨媒体做得更加彻底。内容从开始策划的那一刻起，就把数字媒体和传统媒体的地位放一致，新老平台相互依托并彼此强化，构成一个完整的传播运动。

在我国，除了在大型选秀节目上的跨媒体运作之外，拥有国家电视资源的中央电视台成立了新央视国际 cctv.com，在 CCTV 青年歌手大奖赛、"我爱世界杯"台网联动上探索新模式。央视国际以精选品牌栏目为基础，促进电视制作队伍和网络制作队伍的结合，进行多媒体的策划和跨终端的传播。央视国际提供技术的平台和专业的服务，央视各节目中心有的栏目制作节目既面对电视平台，也要面对网络平台，进一步推动从台网联动到台网联办机制的发展。

（三）受众创作的内容

新媒体受众作为数字媒体内容提供商的第四大重要阵营，是数字媒体内容供应的新型力量。这种来自勇于表达、善于表达的受众的内容必将具有非凡的原创力。

My Space 就是这方面的典型案例，其提供受众免费上传、转载、下载内容，提供了一个展示自我的内容发布平台。My Space 还成立了自己的音乐品牌，并同环球音乐合作出版发行了首张由用户自己上传的歌曲组成的专辑。

当然，这种让全民"唱戏"所得到的内容会非常庞杂，需要用类似音乐排行榜那样让受众广泛参与和评论的手段，来挖掘优秀的内容，从而吸引更多受众的关注和内容制作者加入，吸引投资和商机，这样才能产生市场价值，带动新媒体的发展。因此，新媒体必须建立起一个好的宣传推广平台，让优秀作品得到广泛聚焦，从而进一步带动良性循环。

第二节　数字媒体内容产业

对于数字内容产业的定义，目前的界定和研究还是相对笼统而模糊的，这个概念还处于进一步发展和清晰的阶段。综合目前各国各地区各组织对数字内容产业的理解，可以将数字媒体内容产业定义为，依托数字媒体技术和服务平台，利用各种数字化传播渠道，通过各种数字媒体终端，创作、开发、分发、销售数字化的图像、字符、影像、语音等信息产品与服务的产业类型。它包括软件、信息化教育、动画、媒体出版、数字音像、数字电视节目、电子游戏等的产品与服务。

内容产品在数字信息技术的支持推动下，与媒体脱钩，通过更多的内容传输渠道，能传播更多的受众的数字信息终端产品，这些生产和销售内容产品的企业群汇集成一个独立的产业。

一、数字内容产业的产业的产业结构

（一）数字内容产业结构

数字媒体内容产业的产业结构是一个商业化的结构，一般包括控制企业、创作企业、生产企业、销售企业等，以及经济、技术、信息等支持性企业。其中，内容原创公司、媒体资产生产与管理公司、销售公司等都是围绕着数字媒体内容产品和服务的创作、开发、分发、销售的企业，最终形成了数字媒体内容产业。

1. 内容原创

内容原创指的是内容产品中创造性的因素，是内容产业的源头。原创的内容可以是文字、图像、声音、视频等内容，这些内容构成了内容产品，比如音乐、影片、电视节目、文学作品等。内容原创企业分布的领域主要有娱乐、信息、艺术、教育等各个行业。现有的原创体系主要包括记者、编辑、音乐家、美术家、导演、演员、各类艺术家的大量的写作、艺术设计、视频编辑、声音创作、绘画等，这些都已经成为数字化的内容产品。

2. 媒体资产

媒体资产的生产与管理主要从事内容产品的生产、集成，以及以相关内容产品为主的媒体资产运作与管理，主要包括影视内容、动画内容、游戏内容、移动内容、出版内容和教育内容等。内容产业的产品系统将素材以及原创进行数字化，建立强大的内容产品数据库，从而构成对各种数字媒体服务平台的内容服务强有力的支撑体系。在这方面，大量的传统媒体和新兴的网络公司及移动媒体都在进行积极的探索与尝试。特别是数字化的内容产品创作与制作项目成为关键，依托原有的内容原创与素材，从事数字内容产品的开发与集成。

内容产业的一个重要手段就是数字内容的集成，可以将相关的内容形成多种多样适合不同数字媒体服务平台的内容产品与服务。内容集成可以自由选择订购的选项或不同数量的内容素材资源来生产内容产品，通过丰富的内容基础和强有力的品牌，向用户提供丰富的内容服务。同时，在数字媒体中，由于数字模式可以建立跨媒体的服务平台，各种软件开发商提供了大量可以用来编辑和调整数字内容的工具，大大降低了数字内容制作和集成的成本。

内容产业的关键是进行大规模的生产与制作。数字媒体技术支持内容产品的大规模的创作与生产，生产有别于传统的媒体内容产品，如书籍印刷出版、胶版拷贝、录像带复制等形式的传统内容产品，这些数字内容产品的复制成本、大规模生产成本都非常低廉，产品的形态也越来越脱离有形的物质产品，且内容产业的生产也越来越倾向于质量效率型。在内容产业中，依托数字媒体技术，特别是强大的计算机处理能力和各类应用软件，大规模的定制问题得以解决，实现全方位的客户定制成为内容生产的一个特点。

另一方面，随着网络技术的应用与发展，特别是媒体资产管理技术的广泛应用，为内容素材与产品的再开发、再利用、再集成、再升值提供了优越的基础条件和强有力的技术支撑。

3. 销售平台

数字媒体技术的发展促进了数字内容产业中销售平台的快速扩张与集成。传统媒体的销售系统通常是非常稳定的，比如电视频道、电影院线、音像商店、书店等都是传统媒体内容稳定的销售渠道和平台。以中国为例，大约有 2000 家报社、8000 家杂志社通过邮局系统和报摊渠道发售；1 万小时的电视剧节目，通过人员或者邮寄方式、录像带或 VCD 和 DVD 进行销售；100 部电视剧，通过发行公司发售；几百万册图书，通过书店进行销售。这些传统的内容销售渠道不仅是传统内容产品的主要销售渠道，同时也是一部分数字内容产品的辅助的销售渠道。

但是，面对数字媒体时代的到来，所有的传统内容的经营者都已经意识到数字媒体服务与销售平台给他们带来的冲击与挑战，也给他们提供了更大的发展空间，比如，通过网络可以获得更巨大的市场覆盖，而成本却非常之低，无疑是一种具有巨大诱惑力的商业模式。与此同时，数字媒体服务平台的进一步扩张，也迫使传统内容提供商等越来越关注其内容产品与服务方式向数字化生产与销售的转变。整合的宽带销售平台，已经成为数字内容产品与服务最主要的销售渠道，同时，这一销售平台也在进一步向无线和移动的宽带平台发展。

上述内容原创、媒体资产和销售平台是数字内容产业最重要的组成部分，也是内容产业形成与发展的关键。但是，内容产业的扩张与发展也离不开相关技术与产业的支持，这主要包括为传播渠道发展和用户市场拓展所提供的技术支持、经济支持和信息支持等。

（1）技术支持

数字内容产业的技术支持系统包括设备制造公司、工程技术咨询公司、系统集成公司、软件开发公司等大量技术提供商。内容产业的技术支持有：一是信息产业的企业，包括硬件提供商、软件提供商、网络供应商和网络服务商等；二是电子信息产品供应商，包括众多的国际联运电子企业提供了大量的电子消费产品；三是电信与广播的技术商，依托电信与广播企业，以有线、无线、移动和卫星等众多的传输方式与网络，为数字媒体内容传播提供技术支持。

（2）经济支持

数字内容产业要实现商业模式，离不开大量的经济支持公司，这些经济公司围绕着数字内容产业提供内容产品，提供各种中介的交换，完成各类经济代理工作。经济支持系统主要包括广告公司、原创的代理机构、授权代理机构和具备公信的评级机构。

（3）信息支持

数字内容产业本身作为数据库还需要市场的调研，各种统计数据、资料收集等信息支持为数字内容产业提供了发展的依据。从事相关的产业统计和产业内容专题的调研数据收集系统公司是数字内容产业构成的一个重要部分。

（二）数字内容产业的组织形态

传统内容生产商依托的核心技术主要是印刷媒体技术和电波媒体技术，内容产品的生产主要是以项目管理的形式组织的内容产品生产。这类组织作为一种适于投资模式的形态，其主要的产出是内容产品。内容产品在知识产权的法律框架下，通过各种知识产权的交易实现价值。内容生产商关注的是知识产权保护，所有的原创内容主要服务于成形的内容产品，通过对各种内容产品进行一定规模的集成而形成销售。传统的内容生产商都是分散的，且被分解成各种独立的形式，分属于出版、电子等不同类型的行业。跨媒体相互转换的成本是非常高昂的，内容无法进行跨媒体、跨平台的使用。

数字媒体技术的发展推动了整个社会的进步，也深刻而强烈地影响了内容生产与销售。原先依附于各种媒体和其他行业的内容创造和生产者，依托数字媒体技术带来的融合，独立出来，形成了更大的规模。这就引发了传统的内容生产组织的转型和数字媒体内容生产企业的发育与成形。

数字媒体技术作为先进生产力，是推动数字媒体内容产业形成的根本动力。新的数字技术解决了内容产品的大规模存储、大规模处理、大规模生产和大规模流通的问题。而解决这个问题的技术就是数字媒体内容产业的核心技术要素。通过对信息技术的梳理，可以发现，数据库技术是解决信息加工、处理、存储的信息技术，而依托数据库的服务器／客户机网络技术则是目前解决内容产品大规模流通的信息技术。

分布式的数据库模式正是内容产业存在的技术基础和核心生产要素。分布式的数据库通过宽带网络连接在一起，将内容原创的单个数据库、基础的分类素材数据库、应用层面的数据库以及消费者消费用途的数据库连接在一起，构成内容产业的整个企业组织形态。其中内容数据库应用企业将会成为内容产业中处于核心地位的企业。

数据库技术和网络结构将推动内容产业原有生产关系的变化，其中最为显著的变化发生在产业的核心环节，也就是内容的创造环节。接着会造成内容生产组织形态的变化，进一步影响到整个产业形态的建立。数字媒体技术影响到了内容产业三个层面的组织形态衍变：一是内容原创组织更加分散和强大；二是内容生产的组织形式向媒体资产数据库转变；三是内容企业的规模化和虚拟化。

（三）数字内容产业规模与格局

目前，我国数字媒体内容产业已初步形成以网络服务、数字影音动漫、无线数字内容服务为主，数字教育、数字出版等市场快速发展的产业格局。其中，无线数字内容服务所占比重最大，其次为互联网数字内容服务。

不断涌现的新兴热点成为中国数字内容产业发展的强大动力。在无线数字内容服务方面，超过4亿的手机用户为内容服务的发展提供了巨大的市场支撑，短信、彩信服务依然保持了强劲的增长势头，彩铃服务成为移动增值服务的一大亮点，IVR、WAP 等服务也表现出不可忽视的发展潜力。在互联网数字内容服务方面，基础网络设施建设已经基本就绪，互联网用户规模也越来越大，搜索引擎、即时通信、Web3.0 成为新兴的热点，迅速普及。

（四）数字内容产业的发展趋势

数字内容产业的发展，需要一个产业体系的支持，这个体系又涉及了外部的相关产业的融合，共同形成了一个庞大的群落。内容产业群包括内容产业、通信产业、电子消费品产业和信息技术产业，是以数字内容产业为核心的服务群。消费者对于内容的需求，带动了相关产业的飞速发展。相关产业的相互融合和相互渗透构成内容产业整个的产业集群。各个产业之间相互影响，相互制约，共同促进内容产业的发展。

随着全球信息基础设施的不断完善，数字媒体内容产业成为发展空间巨大的全球性产业，其发展趋势表现为以下几个方面。

首先，数字媒体内容产业呈现专业化趋势，内容产业的资金提供、文化保证、创意管理、商业运作模式、内容技术、流程控制、内容编码风格等均有明确分工。

其次，着力于外部规模经济和外部范围经济、不同性质的数字媒体内容企业分享公共基础设施并伴随垂直一体化与水平一体化利润，大大降低生产成本而形成以价格竞争为基础的产业集群。

最后，高技术化特征对数字内容产业发展产生巨大的驱动和促进作用，在不同程度上提高数字内容产品的开发和生产速度，提高数字内容产品的质量。数字媒体内容的创新和数字媒体平台的广泛，将使数字媒体内容产业的发展越发活跃。

二、数字内容产业的政策导向

数字内容产业作为一个刚刚发育起来的新型产业，从中国的国情来看，政府的战略性定位、引导和扶持是数字内容产业能够健康、快速、良好发展的重要推动力。

（一）针对细分行业的政策与管理

针对数字内容产业包含的细分行业，肩负分管责任的主要政府部门，如信息产业部、文化和旅游部、新闻出版总署、广播电影电视总局等，纷纷出台了相关政策，重点扶持本土企业，同时严格限制国外文化产品进入。

数字内容产业本身包含网络游戏、动漫、数字影视、数字音乐等细分产业，针对不同的细分行业，管理部门制定了各自的法规政策，对行业进行管理。

1.网络游戏推进与监管并重

信息产业部对网络游戏实行了推进与监管并重的管理政策，信息产业部电子信息产品管理部提出将重点扶持具有自主知识产权、国际先进的 3D 游戏引擎以及工具软件关键核心技术研发及产业化，支持并充分发挥各地方的积极性，在有条件的城市建立网游软件开发基地。

另外，针对网游与青少年的成长问题，国务院于 21 世纪初颁布了《中共中央、国务院关于进一步加强和改进未成年人思想道德建设的若干意见》，要求"针对近年来未成年人沉迷网络游戏等问题日益突出，各地各部门应采取积极措施，努力净化网络文化环境"。

2. 数字影视与数字音乐

针对数字影视与数字音乐的政策和管理主要集中在内容审核方面，以及从互联网传播角度进行的监管。21 世纪以来，文化和旅游部相继发布了《互联网文化管理暂行规定》等一系列文件，以网络文化经营许可证和内容审查制度为核心，制定和实施了对数字化的网络音像、动漫、游戏、音乐等相关管理的规定。

在准入方面，根据 WTO 的相关规定和我国政府的政策，互联网文化经营不对外资开放，民营企业和国内投资者享有经营资格。在文化和旅游部颁布的《互联网文化管理暂行规定》中，针对网络音乐的经营明确提出："在从事网络音乐经营时，企业、公司必须获得文化和旅游部核发的《网络文化经营许可证》，取得合法的主体资格，如果没有这个资格，任何单位或个人不得从事网络音乐经营活动。"

3. 数字出版政策集中于网络出版和版权问题

数字出版方面，相关的管理部门的政策大多集中在对网络出版的管理方面。国家新闻出版总署与信息产业部联合颁布了《互联网出版管理暂行规定》，对互联网出版活动的审批、出版内容的审查做出了比较严格的规定。同时，鉴于网络环境下的版权对数字内容产业发展的重要性，国家版权局正在计划构建网络反盗版技术平台，网络版权保护的法律体系也在不断完善之中。另外，国家版权局颁布的《互联网著作权行政保护办法》《信息网络传播权保护条例》，以及有关法律规定和规范性文件对数字内容产业知识产权的保护和打击网络侵权盗版行为也起到了一定的监督管理作用。

（二）推进数字媒体内容产业软环境的建设

如今，数字内容产业迅速崛起，迫切需要有健全的、严格的法律法规和政策环境。国外发达国家在数字内容产业发展方面已经形成了系统的理论体系、法规体系和产业结构，加快了对全球信息资源开发利用，从国家层面，它们都制定了适合自己国情的数字内容产业发展计划和相关法律法规。而我国的数字媒体内容产业尚处于起步阶段，这一行业涉及面广，产业特点复杂，制约因素多，我国现有的关于数字媒体内容产业的法规很不健全，政策环境薄弱。

数字内容产业本身代表了一个大的产业集群，其中涉及数字音乐、移动内容、数字动漫、网络游戏、数字出版、数字影视等多个细分行业，同时也涉及数字内容产品生产、交易、传输、技术支持、服务支持等复杂环节。因此，对于数字内容产业的政策监管需要多个部门的配合和协调，在行业规范和政策制定方面短时间之内难以实现全面兼顾和完善管理。

　　数字内容产业作为一个新兴产业，目前在我国尚未形成完整的产业规模，数字内容产业扶持监管政策的制定还存在不同程度的不完善、不成熟的现象。中央各部委和各地方政府都制定和发布了与数字内容产业相关的管理办法、法规条文等，但大部分局限于宏观管理，并没有形成更细化的操作层面的微观管理规划。

　　数字内容产业作为一个庞大的产业集群，我国的数字内容产业还处在初步发展阶段，尚未实现产业成形，因此不同的政策管理部门对其产业地位的理解也各不相同。经济计划部门和统计部门并没有明确界定数字内容产业的概念，尤其是统计部门的行业划分中并没有明确提出数字内容产业地位的解释，这些都将影响到数字内容产业作为一个独立的产业形态所能实现的产业价值。

　　因此，我国迫切需要从法律和法规方面建立以促进和推进内容产品的大规模商业化和内容产业的规模经济为核心的数字媒体内容产业法律制度，从而营造一个适合数字媒体内容产业发展的宏观法律环境。比如，尽快制定数字媒体技术的统一标准，建立数字媒体内容产业协会，加大知识产权保护力度，对于违反知识产权的不正当竞争要实行惩罚性赔偿，积极鼓励数字内容企业进行数字媒体内容的创新开发，等等。

　　同时，加强数字媒体人才建设。数字媒体内容产业成形的根本动力是数字媒体技术。而科技以人为本，人才才是产业之本。而当前我国数字媒体产业迫切需要尖端技术和高端人才。因此，政府和企业都要出台更有力的政策措施，建立全新的人才管理机制，创造更加宽松优厚的工作环境，以吸引和培养人才，加快数字媒体内容产业建设步伐。

第三节　数字媒体产业链的形成与经济特征

一、数字媒体产业链概述

　　产业链是指产品提供的企业合作链条。产业关联性越强，链条越紧密，资源的配置效率也越高。

　　数字媒体产业链的成员就是从事数字媒体信息采集、加工、制作和传播的社会组织。数字媒体从生产、流通和消费的全过程看，主要包括四大环节：数字媒体产品经营和策划、数字媒体产品制作、数字媒体产品传播和数字媒体产品消费，因此数字媒体的企业根据分工主要包括：四大成员，负责数字媒体产品经营与策划的应用服务提供商（Service Provider，简称 SP），负责数字媒体产品制作的内容提供商（Content Provider，简称 CP）、负责数字媒体产品传播的网络运营商以及提供数字媒体产品消费载体的终端厂家。另外，虽然设备供应商和系统集成商不直接参与数字媒体产品的生产和提供过程，但由于它们生产数字媒体产品制作和传播过程中所需要的"硬件"和"软件"等原材料，因此它们也可视为数字媒体产业链的成员。由于数字媒体具有较强的交互性，消费者也往往充当了数字媒体内容的提供者，因此也可以看作是数字媒体产业链中的一员。

产业链中的每个成员在产业价值链中都有着明确的分工，产生独特的作用，具体如下。

（一）应用服务提供商

应用服务提供商（SP）在整个产业链中负责数字媒体产品的策划和运营，具体包括前期市场调研、数字媒体产品的市场定位、数字媒体产品品牌策划及产品组合、数字媒体产品内容的组织制作、数字媒体产品推广方案的制订执行。理论上，这是产业链中离用户最近的环节，要保持对用户需求变化把握的敏锐度。一方面，SP需要整合各种数字媒体内容（集成、创作和管理），并根据终端用户需求开发各类数字媒体产品；另一方面，SP需要利用网络运营商的网络平台把产品传递给最终用户。目前，SP主要来源于三大阵营：一是传统媒体企业横向延伸产品线，即实行横向一体化战略，提供覆盖电视、广播、互联网、移动网等平台的一体化产品组合；二是提供数字媒体传播网络的网络运营商实行纵向一体化战略，成立下属公司或者设置部门开发和提供数字媒体产品；三是新浪、搜狐等互联网运营企业。

（二）内容提供商

最初，内容提供商（CP）和应用服务提供商（SP）是以一个整体参与到产业链中的，但随着产业分工的细化，分裂成两个环节。这样一来，应用服务提供商可专注于用户需求的挖掘和产品的开发，同时也更多地担负起产品的营销推广责任，而内容提供商则脱离出来专注于内容的创作、整理。由于数字媒体产品的多样性和行业的竞争需要，导致应用服务提供商／内容提供商总是产业链中数量最多的部分。目前，CP主要包括四类：第一类是拥有传统内容资源优势的专业内容提供商，主要是指提供影视、新闻、音乐的专业制作公司和传媒机构；第二类是迎合数字媒体的发展，大量涌现的制作手机游戏、彩铃等各类数字媒体内容的制作公司或者工作室；第三类是交通管理部门、证券公司、银行、医院等信息源提供企业，如手机炒股业务的内容提供者就是各类证券公司；第四类是由于数字媒体具有较强的交互性，数字媒体产品的消费者也成为数字媒体内容提供的主要成员。

（三）设备供应商

设备供应商是整个产业链中网络设备和制作设备的硬件提供者，即提供数字媒体产品生产过程中所需要的"硬件"。在产业链中主要包括两大阵营：一大阵营主要提供数字媒体产品制作、加工所需要的硬件设备，另一大阵营主要负责提供传输数字媒体产品所需要的网络设备。

第三章 数字媒体产业经营

（四）系统集成商

系统集成商是在整个产业链运作中服务、资费、管理等环节的系统软件提供者和技术提供者，即提供数字媒体产品生产过程中所需要的"软件"。在产业链中主要包括两个阵营，一大阵营是根据网络运营商的需求提供包含综合业务管理功能的各类系统平台，提供软件系统接入、计费、管理、监控、维护等工作；另一大阵营是开发及维护数字媒体获取、使用时所需要的各类软件系统，如手机终端上的软件超市、内容分发软件等。

（五）网络运营商

网络运营商主要负责整合网络设备供应商提供的"硬件"和系统集成商提供的"软件"，搭建移动通信网、互联网、数字电视网、数字广播网等数字化网络，同时开发数字媒体产品的发布平台，即用户消费的渠道和门户，并建立数字媒体产品综合管理平台（计费、监控、考评等）。网络运营商主要包括移动网络运营商、互联网接入服务运营商、数字广播网络运营商、数字电视网络运营商等。

（六）终端厂家

终端厂家负责提供数字媒体产品接收和使用的硬件设备，主要包括手机、计算机、数字电视机等。随着营销理念的发展，内嵌功能也逐渐被看作是最直接的营销策略之一。特别是在移动媒体产业链上，由于手机终端在功能和价格上的差异远远大于计算机，并对依托移动媒体的产品经营有较大的影响，因此，终端厂家也成了数字媒体产业发展中的重要环节。

（七）消费者

消费者是数字媒体的接收者，但由于数字媒体网络具有交互性的特点，因此消费者实际承担着信息接收者和内容提供者的双重身份，如博客、播客中消费者不仅充当了内容的浏览者，也在提供大量的信息内容。

数字媒体的产业链根据依托的数字化网络的不同，可以分为移动媒体产业链、网络媒体产业链、数字电视产业链、数字广播产业链等，虽然这些产业链的核心环节相似，但由于这些网络的特点差别较大，导致这些产业链的运作机制差别也较大。

二、产业链的变迁与融合

（一）产业链的变迁

数字媒体产业链从传媒产业的角度看，是传统媒体产业链的拓展；从电信产业的角度看，是传统电信业务的延伸；从数字媒体产业链成员来看，是通信产业和传媒产业融合的

· 63 ·

产物。虽然数字媒体产业链从多个角度审视，产业链成员并没有本质的区别，但对于产业链的启示则有所不同。

1. 延长的产业链

在电信增值业务没有普及之前，电信产业链主要包括四大成员，即提供网络硬件设备的设备供应商、提供软件系统的系统集成商、建设和运营网络的网络运营商以及制造终端设备的厂家。

这种简单链形结构只能满足数字媒体产品传播、数字媒体产品消费两个环节，显然在"电信网上开网络超市"，提供多样化的数字媒体产品，还需要有更多的支撑环节。随着数字媒体的发展、产业竞争合作的加剧，不断推动着产业链的裂变与延展，于是，形成得到了延长的数字媒体产业链。

事实上，延长的结构就是在简单链形结构基础上增加了两个链节。内容提供商的角色比较容易理解。由于受众对媒体产品消费往往存在碎片化、多变性的趋势，因此在移动通信网、互联网等数字网络上提供的各类音乐、视频、新闻等数字媒体内容显然不可能由某个企业独家提供，需要若干风格各异的内容提供商来满足不同用户的需求，从长期来看几个企业垄断生产内容，是难以满足用户多样化需求的。数字媒体仍然属于媒体，因此我们可以参考传统媒体产业链的情况来解释这个问题——以书为例，没有哪个企业能通过大规模企业化运作生产出满足各类消费群体的书籍，书籍的内容必须来源于各种各样、风格迥异的作者。

那么应用服务提供商这个环节是否可以省去，由网络运营商搭建平台，内容提供商直接把商品放在网络超市中呢？答案是否定的。

同样，我们仍然可以参考传统媒体产业链的情况来解释这个问题，还是以书为例，作者相当于内容提供商，各大出版社相当于应用服务提供商。如果把出版社这个环节去掉，让作者直接和书店沟通，这样书店就需要花费大量的精力进行甄别、监控产品的质量，读者也往往会无所适从，难以很快判断哪类书是自己需要的。最后书店只能变成一个类似于天涯、土豆之类的草根级的媒体超市，这就意味着对消费者收费变得困难，因此提供用户需求挖掘、产品开发、产品营销等工作的应用服务提供商是不能省去的。

2. 环形的产业链

数字媒体的产业链根据依托的数字化网络的不同，可以分为移动媒体产业链、网络媒体产业链、数字电视产业链、数字广播产业链等。由于移动网络有继承的收费模式，普及率较高，本小节重点分析移动媒体产业链。

一方面移动运营商拥有终端用户订购关系，与用户有直接的联系。另一方面，由于政府的管制产业中移动运营商的数量是最少的，但又是必不可少的，在整个产业链中处于承上启下的关键位置，于是移动媒体产业链中的每个成员之间并不是呈现对等的合作关系，移动运营商成为产业链的主导者。有人用藤本植物来形容除了移动运营商之外的其他产业链成员，电信运营商是一棵大树，其他企业像藤本植物。这些企业都要紧紧地围绕运营商这棵大树，藤本植物不能直立，只能依附于大树，缠绕或攀缘向上生长。同时，移动运营商离开了其他企业也是不能存活的。这就体现了移动运营商是主体，其他企业是附体，但双方要互相依赖，共同发展。

对于未来，环形结构的产业链的演变有两种观点：一种是移动运营商主导理论的延续，另一种则是产业合作理论的扩展。

（1）运营商主导的环形产业链

出于以下几方面因素考虑，运营商仍将继续主导整个产业链。

①运营商影响设备供应商

运营商通过采购必要设备搭建手机媒体相关平台。有时候运营商可能将一些设备的维护和运营与采购合同一起外包给相应的设备供应商。运营商在和设备商的关系中处于甲方的位置。

②运营商影响终端厂商

终端厂商在把相关终端推向市场之前会受到运营商的一些指导和规范，因为手机在个性化和功能上的要求更高，终端厂商需要符合运营商规定的一些技术要求。而运营商为了扩大其相关业务的用户群，必然会对终端市场采取措施，同时也会对内容提供商产生影响。

③运营商影响应用服务提供商、内容提供商

应用服务提供商、内容提供商需要将产品放在运营商相关的增值业务平台上或者通过运营商的网络为用户提供内容，从业务申请、测试、上线一直到上线以后的市场行为都会受到运营商的规范和制约。

④运营商面向客户

客户在选择服务时主要考虑运营商网络的业务能力、服务质量、收费等因素，要维护好客户关系才能保持住产业的需求源泉。

（2）多方合作的环形产业链

在环形结构中，合作通常限于产业链中相邻的上下游环节，但人们很快就意识到跨环节的合作也能带来商机，如应用服务提供商与终端厂家的合作。为了更直接地把手机媒体产品传递给终端消费者，有实力的应用服务提供商纷纷寻求终端设备供应商的合作，把代表性的产品内置于终端设备中。反过来，终端设备供应商也希望通过预置应用来差异化自己的产品。

信息流的循环性也对环形产业链结构起到了催生作用。学术界倡导产业链上下游要循环交流，共同开发手机媒体产品，不能单方面地由上游企业推动或由下游企业拉动某种手机媒体的发展。运营商主导地位理论强调运营商控制一切，没有形成透明、开放的竞争合作环境，不利于产业市场的进一步繁荣。目前，手机媒体市场中行业应用拓展问题的背后就在于行业应用的价值链过于"单薄"，运营商单一的"通吃"模式不能满足企业用户的纷繁需求。

多方合作的形式出现，这种结构产业链的核心思想是：用户是产业链的最终目标，产业链的核心不是单一的个体成员，而是一个垂直的市场联盟，各成员通过紧密的战略合作，进行信息互通；面对最终用户，则三方均有挖掘用户需求变化、推广现有应用的责任。

（二）融合的产业链

1. 传统媒体产业链和电信产业链的融合

随着数字媒体市场的发展，内容提供商（CP）和应用服务提供商（SP）的数量迅猛增加，其中一类是随着互联网、移动网普及而新生的企业，如新浪、搜狐等新型企业；另一大类则源于传统媒体产业链中的内容制作者，于是数字媒体发展带来了传统媒体产业链和电信产业链之间的融合。传统媒体产业链中内容来源、内容制作环节和电信产业链融合，加入了数字媒体产业链中 CP、SP 的阵营，同时产品发行的合作伙伴变更为网络运营商和终端厂家。这就是同一首歌曲我们在唱片行购买到 CD，同时也能在移动通信网音乐下载平台上下载的原因。

产业链融合的背后，不仅是内容、网络、终端等的融合，更重要的是人际的融合、文化的融合等，即要实现系统融合。由于传统媒体产业链的模式和电信产业链的文化内涵差别较大，传媒产业由于制作内容的需要，思维的发散性较强；而电信产业由于技术要求较高，往往理性思维较强。例如，传统媒体的院校多培养艺术类或文学类专业，而通信院校则较大比例为理工科专业，因此这两大产业链之间的融合需要一定的时间。

2. 机遇与挑战并存

产业的融合给传统媒体企业提出了挑战，但也带来了机遇，增加了传统媒体企业的收入来源渠道，扩展了产业空间，从前单纯依赖广告的传统媒体产业的增长和积累方式必将在技术、产业和资本的互动中实现多元化发展。

传统媒体企业在数字媒体时代主要可以采用三种战略：横向一体化、纵向一体化和多角化战略。横向一体化是指某传媒公司通过内部成长或接管经营类似产品的公司而获得在市场上的扩张。例如，上海文广集团将频道制改为中心制，实行"矩阵化管理模式"（指一横一纵两条线，横向是职能管控平台，纵向是独立或授权经营的事业部）就是该战略理论的实践。这可以整合资源，降低成本，提高效率，获得规模经济。在传媒业中规模经济的盛行使横向扩张成为一个极具吸引力的战略，纵向一体化是在供应链中向前或者向后一个环节的发展，从而降低交易成本。它体现在传统媒体把工作重心放在内容生产上，从播出平台转化为面向市场的内容提供者，加强核心竞争力，拥有强势的传媒品牌作为竞争壁垒，积极投资节目生产，获得节目版权，通过出售版权增加收益。纵向扩张使传媒集团具有一定控制运行环境的能力，有助于避免它们在上游或下游环节中丧失市场销路。多角化战略往往发生在公司向新的服务领域多元化发展的时候。无论传统媒体企业选择哪种战略，在媒体融合的大环境下，创新是媒体企业可持续发展的主旋律。

三、数字媒体产业经济特征

数字媒体产业除了具有社会舆论导向、宣传阵地等政治属性外，还具有规模经济性、范围经济性、网络性、外部经济性等经济特征，具体如下。

（一）规模经济性

规模经济性是指在技术水平不变的条件下，扩大生产规模引起单位产品成本下降和收益增加的现象。一般来说，扩大生产规模，可以提高机器设备利用率，分工更合理，管理更有效率，从而降低成本增加收益。但规模超过一定限度，反而会引起成本上升和收益减少，出现规模不经济。

对于数字媒体企业而言，往往巨大的成本投入在于前期的投资，一旦完成最初的投资后，每增加一个用户所需要增加的成本则会较低，甚至接近于零。例如，对于数字媒体产业链中的网络运营商，最初网络建设需要投入巨额的资金，网络建成后，每增加一个用户所需要增加的成本极低，特别是对于容量还未饱和的通信系统中，多发展一个用户，基本上不需要增加任何基础设施和人力投入，即需要投入的成本接近于零。再如，对于提供网络游戏的SP，前期需要投入巨额用于网络游戏的设计和开发，一旦前期的设计开发完成，每增加一个用户，所需要承担的费用较少，特别是当系统容量尚未饱和，每增加一个用户的成本也近似为零。

（二）范围经济性

范围经济性一般存在于当成本一定时，单个企业的联合产出超过两个各自生产一种产品的企业所能达到的产量；也可以理解为当产量一定时，联合生产产品的单个厂家的成本低于两个各自生产一种产品企业的成本支出。

范围经济凭借其独有的优势，广泛存在于社会上的众多企业，当然也包括数字媒体领域。数字媒体产品作为服务商品，生产和消费同时进行，企业在向用户提供数字媒体产品的同时，也是其生产多种产品的过程。数字媒体产品作为一种整体概念，其中包括手机视频、彩铃、手机铃声、网络游戏等。由于产品内容是无形的，可以无限复制，于是对于提供数字媒体产品的企业往往会经营很多种产品，如归属于同一个 SP 的同一首音乐往往同时提供网络下载和手机下载。范围经济性在数字媒体产业中表现得尤为重要，它不仅有利于数字媒体企业降低成本、有效管理，同时也有利于用户更方便地使用数字媒体产品。

（三）网络性

数字媒体产品是依托现代化网络进行传播的，由于移动通信网、互联网、数字电视网等现代化网络具有全程全网、联合作业以及不同网络间的互联互通等特点，使得数字媒产品具有明显的网络特征。数字媒体的网络性特征使得数字媒体产业符合网络经济的三大定律。

1. 摩尔定律（Moors's Law）

摩尔定律是以英特尔公司创始人之一的戈登·摩尔命名的。1965 年，摩尔预测单片硅芯片的运算处理能力每 18 个月会翻一番，价格则减半。实践证明，多年来，这一预测一直比较准确，预计在未来仍有较长的适用期。

2. 梅特卡夫法则（Metcalfe's Law）

梅特卡夫法则认为，网络经济的价值等于网络节点数的平方。这说明网络所产生和带来的效益将随着网络用户的增加呈指数形式增长。梅特卡夫法则是基于每一个新网的用户都同为别人的联网而获得了更多的信息交流机会。

3. 达维多定律（Davidson's Law）

达维多定律认为进入市场的第一代产品能够自动获得 50% 的市场份额。达维多定律即网络经济中的马太效应，也就是说，在信息活动中，由于人们心理反应和行为惯性，在一定的条件下，优势和劣势一旦出现，就会不断加剧自行强化，出现滚动的累积效应，造成优劣强烈的反差。某个时间内往往会出现强者越强、弱者越弱的局面，而且由于名牌效应，还可能发生强者通赢、胜者通吃的现象。而今这个现象在数字媒体领域已经比较明显了，如百度、谷歌等垄断了网络搜索领域，新浪、搜狐等垄断了综合类门户网站。

（四）外部经济性

外部性包括外部经济性（产生正效应的外部性）和外部不经济性（产生负效应的外部性），当一方的行动使另一方受益时，就发生了外部经济性；反之，当一方的行为使另一方付出代价时，就发生了外部不经济性。

数字媒体产品具有较强的外部性。例如，如果数字媒体产品中出现了大量淫秽信息，则会危害大众，尤其是青少年的心理健康。因此，数字媒体产业需要政府和企业的严格监管。

传统广播电视产业的收入主要来源于广告，电影产业的收入主要源于票房和广告，但对于数字媒体而言，目前广告收入一时间还无法与传统媒体抗衡，数字媒体产业还处于商业盈利模式探索和环节构建阶段，打造强势内容，促成传播平台的打通，促成盈利模式的升级才是出路。数字媒体潜力巨大，蓄势待发。未来的数字媒体产业将更为细化，各环节的依存程度也将更高，遏制程度也会增强。因此，要加快产业链的合作与协调，通过互补型合作促进服务发展，制作更具有数字媒体特色的内容来吸引目标市场，降低长期平均成本，尽快形成规模经济和范围经济。

第四节　数字媒体产业经营与盈利模式

一、数字媒体的经营模式

传统媒体为了挽回昔日的优势地位，越来越重视对数字媒体的介入，新旧媒体正在日趋融合。美国在线（AOL）与时代华纳合并拉开了新旧媒体融合的序幕。我国的各大传媒集团也开始竞相瓜分数字媒体这块大蛋糕。

吉莉安·道尔在其《理解传媒经济学》中提到，公司的发展战略至少可以区分为三大类，即横向的、纵向的和斜向的扩张。

其中，横向扩张指一个公司通过内部成长或接管经营类似产品的公司而获得在市场上的扩张。比如，上海文广集团将频道制改为中心制、实行"矩阵化管理模式"（指一横一纵两条线，横向是职能管控平台，纵向是独立或授权经营的事业部）就是该战略理论的实践。这可以整合资源，降低成本，提高效率，获得规模经济。在传媒业中规模经济的盛行使横向扩张成为一个极具吸引力的战略。

纵向扩张是在供应链中向前或者向后一个环节的发展，从而降低交易成本。它体现在传统媒体把工作重心放在内容生产上，从播出平台转化为面向市场的内容提供者，加强核心竞争力，拥有强势的传媒品牌作为竞争壁垒，积极投资节目生产，获得节目版权，通过出售版权增加收益。纵向扩张使传媒集团具有一定控制运行环境的能力，有助于避免它们在上游或下游环节中丧失市场销路。

斜向扩张往往发生在公司向新的服务领域多元化发展的时候。美国学者约翰·费斯克认为，电视经济是一种特殊的经济模式。作为电视机构生产的商品，电视节目是具有文化属性的特殊商品。因此，它在"两种平行的、半自主的经济中生产与销售"：一是文化领域，电视机构把节目提供给受众，在这个领域内"流通过程并非货币的周转，而是意义和快感的传播"；二是金融领域，在这个领域内电视机构将"商品化的受众"卖给了广告商获取广告收入以及其他收入以使得财富流通起来，得到发展的资金。

如今，关于电视内容产业盈利模式的理论有"三次销售"理论，即除了直接出售电视内容商品和间接的广告收入这两次销售外，第三次销售是将同一内容符号在不同载体间转移，通过内容的多次开发拓宽盈利范围和渠道，实现内容的三次销售。而这一"不同载体"的出现，同吉莉安·道尔提出的公司的斜向扩张发展战略一样，都得益于数字媒体技术的迅猛发展。

范围经济（Economies of scope，或称组合经济、广度经济）是研究经济组织的生产或经营范围与经济效益关系的一个基本范畴，它实际上是规模经济的进一步发展和延伸。理论界对范围经济的研究始于 20 世纪 80 年代。当时，美国经济学家钱德勒在 1980 年出版的巨著《企业规模经济与范围经济》里，明确地提出范围经济的概念，即范围经济是联合生产和联合经销的经济。具体地说，就是利用单一的经营单位内的生产和销售过程来生产和销售多于一种产品而产生的经济，联合生产经济即范围经济带来的成本减少也很显著。这方面的成本利益来自很多相同的原料和半成材料并用同样的中间程序来生产多种产品。在同一个工厂同时生产的产品数目的增多，降低了每单一产品的单位成本。因此，如果由于经济组织的生产或经营的范围扩大，导致平均成本降低、经济效益提高，则存在范围经济；如果因经济组织的生产或经营范围的扩大，出现平均成本不变，甚至升高的状况，则存在范围不经济。

范围经济是全球大型传媒集团（如时代华纳美国在线、贝塔斯曼）将服务活动涉及传媒业多个领域的重要原因之一。整合和全球化使传媒所有权和跨媒体所有权的势头越来越猛。所有权高度集中的公司可以把生产成本分摊到更多的产品和地域市场中，它们当然会从传媒产业的规模经济和范围经济中获益。扩大了的、多元化的、垂直整合的集团似乎更适合利用传媒和通信业中技术和市场的风云变幻为己服务。

二、数字媒体产业的盈利模式

技术革新往往是产业变革的开端。在数字媒体时代，技术的升级带来了媒体平台资源大量增加，原来建立在稀有平台资源上的高度集中的管理、生产、分销和经营等体系面临着变革和调整，整个全球传媒市场都将随数字化进程而重新布局，数字化促使计算机、电信和传统传媒等产业不断融合，数字媒体产业的投资更是呈现出机会与挑战。

但是新技术很少能经受住考验而继续保留下来，大部分技术都只是发展过程的一个活性环节。技术标准不仅在地区间有差异，在国家间也各不相同，因此，任何时候，它们都很少有机会发展成一个产业。相关的法律和规则的架构正在迅速建立，竞争环境也处于极大的变动状态。大部分受众对新科技几乎是一无所知。虽然许多受众觉得新技术令人着迷，但他们并不确定这一行业是否值得投入，比如，大部分受众还无法有把握地认为相比于现有的媒体娱乐、新闻和信息资源，新技术更具优势。内容制作商也不知道该如何进行下去。因此到目前为止，数字媒体产业环境下出现的真正原创性的作品还很少，大部分只是简单地对现有的媒体产品进行改编和扩充，其对受众的吸引力与电影续集对受众的吸引力相比也差不多。

此外，有关内容制作的新规定依然悬而未决。没人能确切地知道，一个多媒体"脚本"的价值有多少，将它制作出来要花多少时间，还有，它最终能否带来利润。无论如何，有一点是肯定的，那就是许多勇于跳入数字媒体产业的实业家，他们大部分的投资将付诸东流。不过也不排除一些人或许能从中获得滚滚的财源，正如有人说的那样："我有一半的广告是极为有效的，但我不知道是哪一半，也许有一半的数字媒体产品投入市场后将获得成功，可是，不幸的是，没人知道是哪一半。"

人们数字媒体时代表现出的乐观与狂热的背后，已经为开拓数字媒体产业版图付出了数百万，甚至是数十亿美元的投资，这些投资现在看来仍然包含着巨大的商业和文化风险。虽然无法完全避免进入数字媒体市场的风险，但却可以将风险降到最低。一组金融分析工具显示，商业社会的高速运转使人们习惯于承担风险。金融分析师 J. 肯德里克·诺伯的研究内容包括在媒体产业中形成一套企业预测方法。该方法以多种媒体和通信领域的数据检测为基础，其中包括报纸、杂志、有线电视和电话，以及 20 世纪的更多媒体产业。诺伯认为，对新媒体技术产业进行可靠预测是可能的，至少在特定的环境下是可行的。

长期以来，我国传统电视媒体都处于强势地位，给受众提供的是免费节目，收入 90% 以上来源于广告时段的出卖。然而，数字电视时代已经来临，数字电视通过为用户提供特需的内容和服务，受众很容易地去掉电视中的广告和避免接触所有广告信息。这使得付费服务成为其重要的盈利模式。这从根本上变革了过去以广告为主的经营模式，也给我国广电业带来了产业发展的突破口。

数字付费电视的节目定价应以分策略体现合理性，要根据不同消费群相应采取不同的打包形式，采用将主打频道和次要频道组合在一起进行打包收费是较为理想的节目收费方式。如英国 BSkyB 是欧洲最成功的数字付费电视运营商，其数字电视平台针对不同的受众群提供了 96 个不同的服务包（频道的捆绑）以及按次计费等收费方式。

在数字电视产业链的利益分配上，建立"服务分账"的分配模式。这样，可以与网络运营商、节目制作商或内容提供商等进行利益捆绑，共同培育、发展数字电视这一新兴市场。一则可以促进各方力量和资源加速对市场的培育；二则可以解决目前由于用户规模较小，数字电视内容运营商投入与收益严重不符，影响其后续投入和发展的问题。

我国的数字付费电视市场不允许经营广告服务。从产业长远发展的角度来看，广告经营并不是付费电视与公共电视争夺受众的主要差异，节目内容才是吸引用户的关键。随着市场的成熟和产业演进，免费的公共频道应该占据较少的频道数，而付费电视则会成为主流。到那时，广告经营的市场需求必然会显现。所以，发展数字付费电视服务要着眼于长远发展，在频道内容建设的同时，还要在专业化、对象化频道发展中为未来的广告经营奠定充实的市场基础。

目前，大多数拿到风险投资资金的宽频网站都在思考如何让内容更具互动性，以吸引更多的受众。而且，还是把盈利途径放在了广告收入上。的确，比起传统媒体来，数字媒体在广告投放上有其自身的技术优势，很多网站已经实现了用技术区分受众，可做定向的广告插片，但是由于现在的受众规模不够，这些方式还没有大规模展开。随着用户大规模形成，数字媒体广告将快速增长。因此，对于广告商来说，数字媒体毫无疑问是一个具有发展潜力的广告载体，比如各式各样的数字广告不断涌现，也为广告商提供丰富的广告载体。不少广告公司专门成立了数字媒体广告部。在广告创意上，与受众的互动形式不断增强，力求接近受众的真正需求。

当然，对于数字媒体来说，单纯靠广告收入一时间还无法与传统媒体相抗衡。数字媒体产业还处于商业盈利模式探索和环节构建阶段，打造强势内容，促成传播平台的打通，促成盈利模式的升级才是出路。数字媒体潜力巨大，蓄势待发。未来的数字媒体产业将更为细化，各环节的依存程度也将更高，遏制程度也会增强。因此，要加快产业链合作与协调，通过互补型合作促进服务发展，制作更具有数字媒体特色的内容来吸引目标市场，降低长期平均成本，尽快形成规模经济和范围经济。

第四章　数字媒体的文化与艺术创意

创意是一种有目的的思维活动，其最终的目的是要通过创新的方式来激发或满足受众的特定需求。作为有目的性的思维活动，必须考虑创意活动展开的语境，洞察并依据受众的需求来展开创意思维，即了解创意依托的文化语境及由此产生的受众接受心理是至关重要的。创意同时也是一项将旧有元素进行新组合的创新活动。文化是创意元素取之不尽 / 用之不竭的源泉，不仅提供了创意的旧有元素，同时也为旧有元素的新组合提供了思维方法。通俗地说，文化是创意赖以存在的土壤。

第一节　新媒体环境下的大众文化与审美文化

今天的人类社会已经步入了一个全新的时代。人们的视角不再仅仅关注那些少数精英人物。普通人物也能登上舞台，站在聚光灯下，成为社会舆论的焦点。由诸多个人组成的群体在这一时代崛起，大众成为新时代的主角。毫无疑问，今天的时代是大众文化时代。

一、新媒体环境下的大众文化

（一）大众文化的内涵

中国大众文化的形成，来自西方大众文化的导入。大众文化的概念最早出现在西班牙思想家奥尔特加·加塞特所著的《民众的反抗》一书中。书中提到："它主要指的是一地区、一社团、一个国家中新近涌现的，被大众所信奉、接受的文化。"从这一概念来看，大众文化应该伴随着大众的存在而一直存在。大众文化成为社会的主流文化，并出现"大众文化时代"这样的概念，时间并不久远。一般认为，进入大众文化时代的时间应是在西方工业革命以后，现代工业的大批量生产，鼓励大批量的消费，促生了现代大众消费者。而大生产带来的大消费，使得争取大众消费者的重要性日益凸显，大众消费者的地位在工业生产时代得到有史以来最大幅度的提升。一方面，现代工业生产在提供了足够的物质产品后，为激发大众消费者的购买潜力，会对消费者的文化及心理做出研究，针对消费者的心理展开产品营销；另一方面，赋予产品特定的文化内涵，或者直接从物质产品的生产转向精神产品的生产，满足大众消费者的精神文化需求。这一切成为大众文化时代来临的直接推动力。现代西方社会率先进入了大众文化时代，而中国的大众文化是在 20 世纪八九十年代伴随着新的经济体制的确立而在中国大地上蔓延开来的。

大众文化时代的来临是经济发展的必然结果。由于其与生俱来的基因，大众文化及大众文化时代有着如下的特征。

1. 大众性

大众文化的主体是大众，大众共同参与创造文化，享受文化并消费文化。大众作为区别于少数社会精英以外的大多数，包含了多样化的人群构成。虽然有着不同的年龄与性别，不同的职业阶层，不同的受教育程度，不同的趣味爱好，但是他们都可能并有权利参与大众文化的生产、传播和消费。应时产生的文化工业和文化市场能够提供各种层次、各种水平、各种品位的大众文化产品。只要在大众中有市场价值，文化产业或媒体机构就可以对任何一种东西进行包装炒作，批量化地生产出来提供给大众市场。譬如，可以炒作影视明星、英雄人物，也可以讲述老百姓自己的故事；可以制作高雅的文艺作品，也可以写出恶俗小说；可以让芭蕾舞剧和摇滚乐同台，让文艺电影和肥皂剧都受到追捧，让科学探索和仙侠魔幻并行。所有的文化产品都可以经过高效率的文化生产流水线进行生产、复制、包装、炒作等相同的流程，而最终成为受大众欢迎的消费品。大众性决定了大众文化是可复制的、可被普及的，是一种技术性的文化。

2. 商业消费性

大众文化正是在商业运作下才得以产生并得到广泛的推广，商业性是其得以大众化的最根本的动力。文化已经成为大规模消费的商品，与其他消费品没有两样。大众文化生产和一般的商品生产一样，追求市场的最大化，具有赤裸裸的利润最大化的商业目标。大众媒介在大众文化的批量化传播中扮演了推波助澜的重要角色。大众文化下的生产、传播和消费像其他任何商品一样，首要的是占有市场和消费者。

大众文化的消费属性进一步膨胀后就产生了消费文化。进入消费社会以后，商品逐渐被赋予了本身实用价值以外的精神内涵，成为某种文化意义的象征符号。人们消费物质产品的同时，也借此表现自己的个性和品位，形成所谓的符号消费。符号消费使商品越来越突出其符号价值，即商品的文化意味，原有的自然使用价值开始减弱和消失，从而使商品变成了有意义、有文化的符号。譬如，在广告中德芙巧克力与现代女性的自在、优雅的生活情调联系在一起，通过大众传播媒介的反复播出，品牌形象深入人心，成为女性自在、优雅的生活方式的象征符号。当女性消费者渴望拥有这样的状态时，她可能会选择德芙，同时在细细品味巧克力时，也沉浸到了广告营造的理想情境中，满足了精神需求。

可见，消费文化最主要的特征是强调通过物质的占有或消费来达到心理满足，即通过有形的物质消费来达到其目的。消费文化下商品是一种符号，一种代表身份、地位或生活方式的象征。正如让·鲍德里亚在《消费社会》一书中所指出的，流通、购买、销售，对做了区分的财富及物品/符号的占有，这些构成我们今天的语言、编码，整个社会都依靠它来沟通交流。今天，由于高度发达的信息手段、大众化销售技巧、大肆鼓吹的广告以及跨国公司的全球经营，使得消费信息很快就可能在全球迅速蔓延。不仅发达国家中的绝大多数人都实行这种过度消费的生活方式，而且发展国家中的许多人以及迅速发展的国家中的许多人，都崇尚这种生活方式，并把其当作美好生活的样本。由以上可见，消费文化在当代社会已不仅体现为一种生活方式，更重要的是，它已内化为相当多的人的价值理念，成为他们的行为指南。

3. 娱乐性

大众文化的商业性决定了其生产目的是追求尽可能最大范围地满足受众的文化需求。有别于社会少数精英的文化需求，人们希望通过这些文化产品快速地满足人们消除乏味、缓解压力的日常需求。因此，大众文化着眼的不是深远的影响或是对人类社会的思考，它只是满足当下社会即时的需求，只是为了取悦当下的大众而存在，是一种彻彻底底的媚俗文化。

大众文化的娱乐性通过大众媒体得到了广泛的推广，而世人又把娱乐作为个性自由释放的体现。20世纪90年代后期，大众文化的娱乐性在两厢情愿的鼓吹下喷薄而发，进入新世纪后更是愈演愈烈，成为大众文化审美最重要的特征。大众娱乐时代开启，全民陷入了狂欢的盛宴。

20世纪90年代，中国的大众媒体在市场经济发展的压力下走上了市场化的改革之路。商业化促使国内大多数广播电视媒体为了更好地生存下去，必须以市场为导向，以大众趣味为导向。90年代初就已经有不少媒体看到了娱乐性在节目制作中的制衡作用，于是从节目的制作、流通和经营方面开始探索出路，以满足广大受众对娱乐的新需求。

网络为娱乐带来了更为广阔的平台，使得用户能够以虚拟的身份获得更大的接触范围，实现现实世界无法实现的行为与交往关系。网络游戏、网络社区、网络影视等，给广大用户带来了远比现实世界更为精彩、更为丰富、更为亲密的娱乐体验。娱乐狂欢演变为一场人机之间的蒙面舞会。

娱乐是人类缓解生存压力的本能，是生命主体内心的情感感受，甚至可以说是一种自然的生理需求。大众文化的娱乐性借助于媒体这一本能，将人类的个人化需求推向了全民狂欢。过度地推崇娱乐性导致娱乐社会的出现，对于人类来说可能是一场灾难，会使人类丧失价值的思考，走向迷失，最终娱乐至死。因此，一方面大众文化的娱乐性满足了人的生理的娱乐本能，改变了过去的宣传教化的主流文化，体现了时代的进步，但另一方面它会导致走向庸俗低级和肤浅，也为人类社会文化的发展提出了警示。

4. 流行性

大众文化总是在不同的时期以不同的形式来迎合特定时代人们的口味。在文化的继承延续上，与传统经典文化形成鲜明对比，体现出短期性。大众文化的每一种文化现象都有相似的经历，出现时快速炮制，形成流行风气，但很快陨落，被新出现的风尚所替代。每一种文化现象几乎都是短命的。商业模式化的运作使得大众文化总是处于不断的变迁中，不断追逐时代大众变换着的口味，这种短期的流行无法使文化深入发展，因此，大众文化也是无深度可言的。

大众文化产品在刚开始生产的时候，往往能吸收、借鉴精英文化和民间文化的特点，创作出具有原创性的产品，形成原创的模式，随即通过媒介的推广或批量化生产，形成时尚流行。从户外真人秀节目的发展就可以看出，湖南卫视的《爸爸去哪儿》成功之后，各大省级电视台分别推出了《爸爸回来了》《极限前进》《奔跑吧兄弟》《挑战极限》《我们相爱吧》《花儿与少年》等各种明星真人秀节目，其中的《爸爸回来了》与《爸爸去哪儿》更是同为明星亲子真人秀节目。电视荧屏综艺节目已经占据了绝对主流的地位，而明星真人秀又是主流中的主流，节目类型单一，内容高度同质化。综艺节目投入越来越大，受众的要求也越来越高，面临的挑战也越来越激烈，更新换代也越来越快，明星真人秀节目很快会被其他真人秀节目取代，而综艺节目的主流地位也有可能在不久的将来为其他节目形态所取代。这一切的推动者就是大众审美口味的变化以及商业性的有利可图。

综上所述，大众文化时代是我们目前所处的文化环境。作为这个时代主宰的文化，其所具有的特征无不昭示着：在这个时代，普罗大众成为社会所关注的对象，具有了前所未有的历史地位。数字媒体正是在这样的一个时代环境下产生并进一步把大众文化的发展推向极致的。

（二）数字媒体环境下出现的几种文化现象

数字媒体的出现及媒体环境的变革推动了大众文化的极致化发展。数字媒体的产生，使得聚光灯下的大众能够得到更为细致入微的观察。或者说，在数字媒体产生之前聚光灯下的大众还是一个模糊的群像，数字媒体产生之后聚光灯下的大众变成了一个个个性鲜明的个体构成，每一个个体都能得到清晰的呈现。伴随着媒体触角的延伸，大众中的个体影响力也得到攀升。

数字媒体使得大众能够站在更宽广的社会舞台上，发出更响亮的声音，产生更为广泛的影响力。从某种意义上来说，数字媒体使媒体环境实现了真正的大众化（区别于大众媒体），使得大众真正站在了社会舞台的正中央，为大众集体狂欢拉开了序幕。

大众文化的发展也随着大众影响力的攀升，而有了新的内容，出现了各种丰富的文化现象。

1. 草根群体的崛起

一般来说，草根指的是处于社会底层不受重视的民间百姓。"社会底层""弱势群体""没有权势"是"草根"的三大标签。草根文化与底层文化、通俗文化、大众文化的概念有相一致的地方，都与精英文化、高雅文化相对立。有人说，互联网吹响了草根的"集结号"。新媒体技术的发展助长了草根诉求的伸张与草根文化的繁荣。与其他媒体相比，网络媒体近乎是零门槛，随时随地可以使用，这使得草根阶层可以轻易获得大量的信息，并且能够在这一平台上发出自己的声音，获得向广大民众展示和沟通的机会。正如著名的原创视频网站土豆网所提出的口号"每个人都是生活的导演"，网络媒体成为草根群体狂欢的天堂，"它有一种特殊的吸引力将草根阶层集结在一起。在这里，不甘寂寞的人可以崭露头角，怀才不遇的人可以抒发感情，默默无闻的人可以颠覆传统"。人们接受了太多的大众媒体所传播的精英文化，来自草根阶层质朴的原生态呈现就仿佛一阵清新的风。媒体素养的提升，个人主体意识的觉醒，效用主义观念的增强，使普通网民都有了追求草根文化、同构平民意识、共享底层话语、表达利益诉求的愿望与动力。加上网络的普及，新兴媒体的推陈出新，正好为其提供宣示"我来了"的便利。而博客、微博等自媒体的出现为草根群体的崛起提供了真正的条件。通过这些自媒体，平民可以瞬间成为英雄，边缘可以很快成为中心，弱者可以悄然成为焦点，人们自我表达的愿望得以实现。

说到底，来自社会底层的草根群体是广大小人物的聚合体，草根文化是一种取悦平民大众的文化。草根文化的盛行，推动全民娱乐意识高涨，出现了新闻娱乐化、娱乐节目低俗化的现象。不少草根明星一夜成名后，失去了自我矜持能力，暴露出了劣根性，拜倒在孔方兄门下。另外，网民本身素质参差不齐，多是基于商业化模式运作，以博取大众眼球为目的，有的甚至以不惜暴露个人隐私、传播丑恶的一面来赢取关注。长期发展下去，草根文化很有可能走向庸俗低端。

新媒体环境促成了中国草根群体的崛起，尽管草根群体及其所带来的草根文化有着这样或那样的局限性，但是，草根力量的崛起代表着大众在新时期地位的上升，代表着社会力量的多元化，它作为这个时代才产生的一种社会现象和文化现象，说明了时代的进步。

2. 开放与封闭的社交生态

人与人的关系自古以来构成了中华民族为人处世哲学的出发点，正是着眼于人与人关系的和谐构建，才有了我们区别于西方社会的价值观、人生观。新媒体技术为人们提供了网络社交平台，用户可以在各种社交媒体中展开人与人之间关系的往来，成为现实社会关系的补充。随着移动网络的发展，虚拟网络社交被广泛地推广应用，成为人们社交生活的重心部分。在日本甚至出现了没有现实社交生活的"宅一族"，他们将自己封闭在住所中，拒绝与人来往，所有的和外界社会的联系都通过网络来实现，包括交友、订餐、购物等。国内年轻人中也不乏有"宅"的现象。我们在乘坐地铁、公交车及等候电梯的碎片时间里，经常会看到人手一个手机，各自刷着微博微信的现象。就算是在家中，家人坐在一起却各刷各的微博微信也是非常常见的情况。用户也会经常通过网络把信息分享给家人和朋友。虽然有专家认为，将更多的时间放在手机上，改变了人与人的亲密关系，但从整体情况而言，人与人的关系依然是现代人处世的出发点，只不过社交网站为人们提供了新的社交方式。这种数字技术支撑的新社交方式跨越了时空的限制，突破了单一的传达手段，帮助人们实现了随时随地交流分享的愿望，并且可以用图文并茂、动静结合的丰富手段来传达用户的意旨。可见，数字媒体一方面让我们更深地陷入自己的私人空间，一方面又打开了另一扇窗，让我们拥有更为广泛的社交关系。

3. 全民娱乐的狂欢盛典

娱乐性是大众文化的显著特征。数字媒体为大众娱乐提供了广阔的舞台，全民娱乐的时代已经到来。

新媒体为大众提供了多种娱乐手段。网络发展初期的门户网站以及搜索引擎主要服务于用户的信息查询和收集的需要，Web3.0 以后，用户能够自由地参与网站内容制造，不受时间地点的限制发布信息，参与互动。网络成为全民娱乐的大平台。不仅是娱乐制造商在不断地制造娱乐节目，网络上的每一位用户都可以通过自媒体掀起话题热潮，吸引社会关注与参与。人们乐此不疲地制造着话题，追捧着话题，以此形成一轮一轮的娱乐大潮。

二、数字媒体环境下的大众审美文化

在数字媒体的催化下，大众这一主体及这一人群的文化被推向了极致发展，大众文化获得有史以来的最大繁荣。大众文化的发展也带来了社会审美风尚的变化，与传统审美文化迥异，这一种社会审美风尚呈现出日常生活审美化图景，世俗化、娱乐化、感官化等构成了其转变的基本特征。

（一）世俗化

在人类过往的历史中，审美是非现实的、非日常的、非大众的活动，它被圈在艺术沙龙、画廊、剧院及艺术家团体中。它与大众的日常生活是风马牛不相及，甚至是对立的。因为，大众的日常生活是由实用功利和道德把控的。消费社会从根本上改变了这一状况。审美越来越生活化，生活越来越审美化，审美和生活的界限也越来越模糊。当我们步行在商业街，或者走进写字楼或办公区，身边出现的商品及事物看上去都是美好的，经过设计的以美好的状态出现的一切让我们陷入审美海洋中。服装不只是御寒遮羞的基本需求物，而是消费者炫耀、展示、交际、自我陶醉的审美象征物；房屋不只是用作吃饭睡觉的居住地，而是体现身份、格调的艺术空间。审美需求的多变性及无限膨胀的可能，使之成为消费社会生产消费的对象，从而追求最大的利润。审美日常化是消费社会带来的必然趋势。反之，审美在当代社会不再是一种与现实生活隔离的艺术，而是造就现实、推动现实、支撑现实的机器疯狂运转的根本动力。

审美的日常化意味着审美走向世俗化。这种世俗性是建立在物质消费基础上的世俗。在国内，20 世纪 90 年代后的大众文化就已经体现出消费主义和物质主义的世俗性。90 年代的世俗是一个消费主义和物质主义的世俗，是盛行身体美学与自恋主义文化的世俗，是去公共化的世俗。这种局限于身体美学与自恋主义文化的世俗，使得其审美对象不是以往的大英雄、大事件、大作品，而是去公共化的个人私有空间，或者说现代人的视角不是向着上方和远处，而是停留在自身个人生活圈子里，身边的物质产品及细节都得到美化，为享受生活提供审美乐趣。

网络为小人物提供了大舞台，也使得小人物的审美乐趣通过网络这一大舞台散播出去。网络本身是一个鱼龙混杂的平台，大量作品都是在没有经过筛选的情况下发布出来的，而且数量比经典的作品要大得多。在缺乏引导的情况下，人们的审美对象开始混杂。网络平台的存在，更容易把流行推向大众，通俗文学、流行音乐，还有很多根本称不上艺术的材料，成为主流审美对象。社会的主流审美从原来的精英文化变成了大众文化，精英文化反而成为边缘文化。而主流文化因为大众本身的文化素养的缺失，得不到精英文化的滋养，也可能变得越来越庸俗。

在这样的审美活动中，人们没有伟大的理想追求、宏大的生活目标、坚毅的精神信仰，有的只是满足生活基本享受的热情，获取现实享受快感的需求。在这种消解了精神的思想性和崇高性的生活过程中，人们的审美兴趣多是对自身生活的感性表达和表达的快感。大众审美不再追求历史意义和文化深度，只满足于日常生活的点滴乐趣，关注生活表层的体验。

（二）娱乐化

在传统社会，艺术与审美活动主要的目的是教化。如中国古代六艺，其中包括音乐，都是为了更好地教化民众。古代中西方皆有反对娱乐化审美的倾向。在柏拉图的"理想国"中，那些一味蛊惑并让人沉溺于感官享乐的诗被彻底清除，剩下的是滋养人的灵魂以培养高级情感的诗歌。古代中国有"玩物丧志"之说，其出发点也正是基于对娱乐不利的看法。当然也并非全盘否定娱乐的正当性，中西古代都有"寓教于乐"的说法。在此，审美作为工具是正当的，但其目的仍是教化。

在经济主导的现代社会，大众的生活由工作与休闲构成，在沉重的劳动之后获取身体上和精神上的放松是其本能的需要，以娱乐为目的的审美活动也因此发扬光大。娱乐产品通过大众文化得到广泛的生产与传播，在数字媒体时代娱乐更是达到了全民狂欢的高潮。

数字媒体自身传播特性也是造成娱乐化审美的一个推动因素，它打破了传统线性媒体文本的理性和秩序性。传统文本的阅读是理性的、有秩序的，追求意境和审美感受；而数字媒体是超文本的，是平面化的、拒绝深度的文本。所以网络文化给人们带来的是充满时尚的娱乐文化而不是严肃文化，是游戏而不是思考。总之，大众文化及数字媒体共同推动了审美文化娱乐化的发展。

（三）感官化

当代大众文化的一个重要倾向就是无限夸大人的自然属性，放纵人的肉体生命力。当代大众世俗是一个消费主义和物质主义的世俗，是盛行身体美学与自恋主义文化的世俗。个人主义依然流行，但这个"个人"的内涵已经发生很大变化：关注身体超过关注精神，热心隐私超过热心公务。

在传统审美世界中，人们普遍认为在美的形式的背后有永恒的东西。柏拉图认为一切事物的美都是美本身的影子。而新柏拉图主义者普洛丁说得更清楚，万物的美是对美的理想形式的分享。在中国古代也有"大美无形"之说，真正的大美是摸不着、看不到的，需要通过灵魂去感受。随着社会发展进入现代，有别于传统的形而上的精神追求，现代人更注重自身的生命体验。现代审美文化开始向着纯粹感官刺激突进。"玩的就是心跳""过把瘾就死"是 20 世纪 90 年代王朔小说中的表达，体现了中国当代审美文化追求瞬间极乐的极端样式。"崇高""优美""典雅""高贵""神圣""淡泊""永恒""和谐"等传统词汇失效了，取而代之的是"爽""酷""炫""嗨"等词语。传统的沉思性审美消失了，取而代之的是感官性审美。从波德莱尔对都市流浪汉的分析中，我们可以看到当代审美感官化这一特征的明确标记。现代都市的流浪汉在街头漫无目的地闲逛，他们好奇的眼睛到处看，对一切看起来美的东西都感兴趣，然而，他们因激动而聚焦的眼神会很快散开，因为又被一个新的视觉对象抓住了目光。事实上，流浪汉的目光从来不会在任何一个美的事物上停留太久，更不会静静地用心去体味事物的美。无数应接不暇的审美印象纷沓而来，瞬间填满他的视野，却匆匆而去，不会在心中留下痕迹，因为他的心早已死了。都市流浪汉的审美经历可以说是当代人的主流审美方式，大众文化产品的生产也是基于这样的审美需求，提供那些引爆眼球、满足感官刺激的快速精神消费品，在求新求异的不断变化中获得流行。数字媒体技术作为人身体的延伸，给人体的感官带来了更为新奇的刺激。比如，电影《阿凡达》利用数字虚拟技术创造了一个真实得无可挑剔的奇幻世界，给人们视觉带来了前所未有的冲击。数字媒体无疑助长了大众审美文化的感官化发展。

第二节　用户体验及其重要性

体验是审美过程的核心。文学理论家保罗·德曼说过，美学的真正主题就是体验，是一种过程。数字媒体创意离不开用户体验，没有体验就没有创造的动力，也没有了创造的目标和标准，因为从某种程度上来说，用户体验也构成了对客体的全部认知。

一、什么是体验

在《现代汉语词典》里体验被解释为"通过实践来认识周围的事物；亲身经历"。体验是一种与外界交互产生的心理感受，因此至少包含了两个方面：外在的刺激与内在的心理感受。表层是外在对感官的刺激，深层是综合感受作用于心理。体验是一种复杂的心理活动，意味着它不仅是感官上的刺激，同时也在人的内心深处留下了印记。就外在的刺激而言，人们接触过的物体、经历过的事情以及所处的环境，都会对人们的感官产生刺激。这些视觉、触觉、味觉、嗅觉、听觉等感官上的刺激是表层的，如果没有作用于人的内心，在心里留下痕迹，那么就不会产生人的主观感受，也谈不上主体有过体验。因此，两者对于体验来说是必不可少的要素，只有两者之间相互产生作用，那才是体验。

外在事物作用于感官，感官作用于心理，主体产生反应而作用于外在事物，外在事物产生反应而反馈给主体，这样循环往复，使外在事物发生变化的同时主体主观也发生了变化。这一变化所带来的就是体验。因此，体验具有很强的主观性。外在事物能否更好地满足主体主观的需求，产生即时的更好的反应，这些都会影响到体验。而主观的期待以及主体的既有经验都会影响体验值。体验值在这儿指的是体验评价值，指主体在体验活动中产生的心理评价。体验值越高说明本次活动带来的体验评价越高，相反，体验值越低说明体验评价越低。

二、用户体验

用户体验（User Expericenc，简称 UX 或 UE）这一概念是随着计算机技术和网络的发展而被提出的。提出这一概念的是美国认知心理学家、用户体验设计师唐纳德·诺曼（Donald Norman），他是一位以人为中心的设计的倡导者。在他所著的《设计心理学》一书中提到，设计一个有效的界面，不论是计算机或门把手，都必须始于分析一个人想要做什么，而不是始于有关屏幕应该显示什么的一个隐喻或者一种观念。一个开发良好的完整产品，能够同时增强心灵和思想的感受，能够使用户拥有愉悦的感觉去欣赏、使用和拥有它。他认为，不仅应帮助企业制造出满足人们的理性需求，而且更要满足情感需求的产品。

20 世纪 90 年代中期的时候，用户体验就已经被广泛认知，但是真正受到重视是在网络发展到 Web3.0 的时代。在经历了 21 世纪初的网络泡沫破灭后，伴随着新程序新技术的开发，网络迎来了 Web3.0 时代，更注重用户的交互作用，用户不仅是网站内容的浏览者，更是网络内容的制造者。用户由被动地接收互联网信息向主动创造互联网信息发展，人成为互联网的主体，也是决定互联网发展的主要因素。在这样的背景下，网络设计师注重人性化设计，以用户体验为平台，从用户的角度来设计，使网站更容易使用，更有价值，更有意思。

三、用户体验的重要性

如今，用户体验一词从网络设计发展为社会经济领域的常用词，消费者作为有形和无形产品的用户，其产生的体验经历成为能否进一步促进产品销售的关键点。就像斯科特·麦克凯恩在他的《商业秀》一书中提到的，所有的行业都是娱乐业，销售的不是产品而是用户体验。立足于用户的体验，从而撬动经济的发展，体验经济是近年提出来的一种新的经济形态。

在新媒体时代，用户更为看重的不是物质产品本身的功能利益，而是产品在和人发生关系时它是否能带来美好的独特回忆。这启发我们创意时不能局限在传统的认识上，认为创意只是产品自身的求新求异。用户体验是我们展开创意的出发点，尽管相似的产品提供的是相同的产品性能，但是因为消费情境不同，与消费者之间产生的互动不一样，带给消费者的用户体验也是不一样的。用户体验是用户的主观感受，但可以通过人为努力来实现良好的体验过程，从而改变用户的感受。

用户在进行某项活动之前，会对这项活动持有一定的心理预期，如果活动能够符合预期或超出预期，所带来的体验是用户肯定的，而活动未能达到预期，或与预期背道而驰，那么用户的体验评价是负面的。因此，是否符合用户的心理预期决定了体验的评价，在进行体验设计之前，首先需要研究用户的心理，了解其对活动效应的预期。

在一个信息爆炸的新媒体时代，人们更关注的是自身经历着的生命体验。新时代的创意将着眼于用户心理，为用户提供良好的独特的体验过程。感官化是新时代审美文化的一大特征，因此，如何在做好用户心理预期的基础上，设计好产品传达的感官系统以及传达渠道，让用户通过良好的感官刺激，最终在内心形成良好的心理体验，从而发挥出体验经济的优势来，这是我们在展开创意应用时需要思考的。

第三节 数字媒体艺术创意

一、数字媒体艺术创意概述

（一）创意

创意作为一个专业名词得以广泛使用是在广告业兴盛之后。许多广告公司为了和传统产业区隔，常以"贩卖创意"自居，如早期流行的广告创意书籍就以此命名，更以能"颠覆创意"为荣。进入 21 世纪，创意不再是广告行业的专属，许多产业比如服装、家电、家居、地产等行业都积极引用创意的概念来给行业增添活力和价值。由此，有了创意服饰、创意家电、创意家居、创意地产甚至专门有创意产业之说。创意的覆盖面如此之广，那么到底什么是创意呢？

创意一词，英文常用"creativity"或"idea"来表达。Creativity 的原意是创造性的，有创造力的，如"creative strategy"就是指这个策略很有创造力，通常被翻译为"创意策略"；而 idea 表达创意则是更口语化的用法，比如靠创意吃饭的广告人在想出一个精妙的创意时常常用的口头禅就是"I've got an idea"。人人皆知的创意大师 James Webb Young 在写介绍如何获得创意的小册子时，小册子的名称就是产生创意的技巧《A technique for producing ideas》。而 idea 更为人熟知的意思是"点子"或"主意"，因此，可以认为英文中创意更多的是指创造性的点子或主意。这样认知创意还仅限于静态层面，事实上创意也是一个动态的思维过程，对应英文可用"create"或"produce"来表达，有时也与创造混用。

（二）艺术创意

百度百科认为，艺术创意指作者在进行艺术创作时的主观意图，包括对作品的创作动机、表现手法、象征意义等。它既是作者表现其作品的价值体现，也是观众完整理解作品的途径之一，是在艺术领域或者通过艺术思维进行文化生产的方式。它是大众文化消费时代的产物，对改善人类的生存和发展将起到重要作用。

如此复杂而烦琐的界定却不能帮助我们更清晰明了地掌握艺术创意的内涵。我们认为，艺术本身就是一种创作行为，与创意相辅相成。因为，创意的基本构成主要是文化元素，而艺术是文化元素的主要形式，从最传统的艺术形式如绘画、书法、文学、音乐、舞蹈、戏剧、雕塑、建筑等到近现代的电影、电视、数字媒体等，每一样艺术形式的诞生和发展都离不开人类的创意。既然创意是指创造新的意义或创新意识，那么艺术创意自然就是指在艺术创作过程中创造新的意义或创新意识了。

（三）数字媒体艺术创意及分类

数字媒体艺术创意是以数字媒体为载体的艺术创意。依托数字技术的飞速发展，数字媒体艺术创意可将多种艺术形式进行变换组合、融会贯通，创造出更多新的意义，从而极大地丰富了传统艺术创意的表现形式。根据不同的分类标准，可以把这些纷繁复杂的表现形式进行不同的分类。

1. 按照数字艺术形象的存在方式分

时间艺术创意，如音乐、文学；空间艺术创意，如绘画、建筑和雕塑的前期构思部分；时空艺术创意，如影视、舞蹈和戏剧的音像部分。

2. 按照艺术形象的审美方式分

听觉艺术创意，如音乐、音响；视觉艺术创意，如绘画、平面设计、建筑和雕塑的前期构思部分；视听艺术创意，如影视、影视广告、戏剧的音像部分。

3. 按照数字媒体艺术的媒体特性分

数字媒体的内容创意，即通过数字媒体关于说什么和怎么说的艺术创意；数字媒体的媒体形式创意，即数字媒体本身媒体形式的艺术创意。

数字媒体技术的进步确实为艺术创意提供了更多的手段和技巧，也为创新构思得以实现提供了无限可能。但是，我们必须认识到，数字媒体艺术创意的根源仍然是创意者本身的综合艺术素养，而综合艺术素养的培养绝非一日之功，需要持之以恒地学习和修炼，切勿本末倒置，重技术而轻修养。

二、数字媒体内容创意

在传播学领域中需要创造的新的意义或意识，其本质就是传播的内容。如何创新内容或者说如何对内容进行创新，则必须先了解在传播学范畴中内容的表现形式。

（一）关于说什么的基本原则

众所周知，数字媒体在空间上和时间上也都是有限制的。比如，一条微博被保留的时间可以很久，但被阅读的时间却很短；一部电影不管内容多感人，但大多也只能尽量利用好那 90 分钟。所以，传播者想通过数字媒体说什么并不是随心所欲的，相反，为了追求更好的沟通效果，传播者在规划说什么时必须遵循一些基本的原则。

1. 明确而不含糊

数字媒体实现了海量信息的存储和即时传播，同时也造成受众每天都将面临接收数倍于非数字媒体时代的信息量，出于大脑的自动保护机制，受众会自发地对所有的外界信息进行选择性接触、选择性理解、选择性记忆。选择性机制的存在使得那些含糊不清、主旨不明的传播内容被受众自动屏蔽，从而失去传播效力。一部视觉感官精彩的数字电影或者一篇行云流水的数字小说，如果主旨不明，那么多数受众也会选择放弃理解。因此，规划数字媒体传播内容的第一个原则就是确认传播主题具体明确，不存在含糊不清而引起传播障碍的问题。当然，除非你确信自己设置主题的能力有克里斯托弗·诺兰那么强大，尽管不点明主旨但却能让受众意犹未尽、追根究底、津津乐道，就如同他在《盗梦空间》和《星际穿越》里做的那样。否则，就老老实实遵守这一基本原则。

2. 简洁而不啰唆

Less is more，少即是多。恰如著名建筑设计师路德维希·密斯·凡德罗所提倡的，简单的东西往往带给人们更多的享受。在进行数字媒体艺术创意时，千万不要因为总想诉求太多，特别是通过数字媒体进行商业艺术创意的人，因为花了钱就想要一分也不浪费地把想说的都说完，这是非常愚蠢的做法，除了让受众一头雾水、憎厌你的啰唆外，别无好处。一般说来，无论什么样的数字媒体作品，一则作品最好只说一个主旨；如果有两个主旨，就要分清主次；如果有三个主旨（尽量不要有三个），那么，最好以一个主旨为主，另外两个为辅。一则作品绝对不能说三个以上的内容，否则等于没说。

3. 创新而不俗套

创新是创意的生命，若说的内容不新颖，不与时俱进，就会让受众失去关注的热情。例如，虽然今天的 CG 技术可以做出更逼真的恐龙效果，但是《侏罗纪公园》的第二部和第三部却再也无法复制《侏罗纪公园》第一部的观影奇迹，因为不管其表现形式怎样，观众在观影前几乎可以猜到故事情节了。还有比这更让人扫兴的事情吗？同样，10 年后的三部《霍比特人》也很难超越 10 年前的《魔戒》三部曲，尽管小说作者是同一个人，但作为数字电影作品，这样的史诗奇幻题材确实不算新颖。

4. 互动考虑用户体验

与传统的电波媒体相比，数字媒体大大提升了传播者和受众者之间沟通互动的可行性。数字媒体技术提供的用户浏览痕迹追踪、及时反馈（点赞、评论、转发）为传播者制定新的传播内容，及时调整在传的传播内容都提供了有效的指南。

如果说内容创意三原则——明确、简洁和创新，同样适合于传统媒体艺术创意的话，那么互动的原则则是数字媒体独有的。因此，不仅要依靠数字媒体本身的媒体特征实现互动，还要在内容规划时把互动巧妙地设置到内容中去。互动的有效性来源于对用户体验的考量。

（二）关于创意的技巧

关于说什么的技巧有以下一些成功的经验可供我们借鉴。

1.ROI 原则

美国的 DDB 尼德海姆广告公司合伙人道格·沃克（Doug Walker）把 ROI 界定为：关联度（Relevance）、原创性（Originality）和震撼力（Impact）。他认为，好的广告创意要符合这三个原则：①你的创意策略和目标受众有关吗？②是具原创性的不拘常规的构思，还是与别人的作品似曾相识？③传播出去后会产生什么效果，能冲击受众的视觉、听觉甚至心灵，还是让人觉得乏味或者完全不曾留意？一则作品，同时做到三者并不容易，但一旦做到就必然是让人难以忘怀的好作品。

ROI 的另外一个解释就是 Return on lnvestment（投资回报率），这对为商业目的而创作的数字媒体艺术作品来说，在构思创意之前需要考虑创意执行的时间、人力和费用的投入回报比，这样才能进行良性的创意循环。

2.三要点法

在决定执行一个创意策略之前需要考虑三件事情：

（1）谁是你的竞争对手

先把 Big Idea（大创意）之类的念头抛开，在开始考虑说什么之前，先去关注一下竞争对手已经或正在说什么，尽量不要重复竞争对手的内容，除非你能确信有足够的资金支持你在传播中做到比它声音更大或有更多的曝光机会。

（2）你在和谁说话

谁将会接触到你的作品，或者说你希望你的作品能够被谁接触到？他们到底是什么样的人？请先用人口统计方式的办法来界定你的受众的年龄、性别、婚姻状况、收入、职业、民族、居住区域等，然后要从生活形态的角度为你的受众画一张肖像，包括他或她的价值观、兴趣、空闲时间的活动方式、对待工作和家庭的态度、日常生活的压力等。

（3）看完作品后的感受

你想让他们知道什么，了解什么，接触你的作品后会产生什么样的感受。恰如露华浓的创始者所说的"女人不是在购买口红，而是在购买希望"，你想说的内容是否能涉及更多的人类需求——让人们更好地享受生活，或者能帮助人们避免恐惧、保护和维持健康。因为，人类的基本动机从来不曾改变。这也正是莎士比亚的戏剧和曹雪芹的《红楼梦》直到今天仍然流行的原因。

（三）基本原则

怎么说是内容创意的表现形式。当确定了想说的内容后，用什么方式说更有效果成了必须考量的问题。正如艺术表现形式的千姿百态，怎么说的方法也丰富多彩。不过，数字媒体艺术创意既然属于文化创意的范畴，那么其说的形式也要遵循一些基本的原则。

1.审美原则

数字媒体技术突飞猛进，为普通人提供了比以往更多的创作和发表艺术创意作品的平台和机会。但是，由于缺乏合理的管治，这种无约束的任意产生内容、发布内容的低门槛状况也导致了整个数字媒体艺术创意领域良莠不齐。特别是在商业领域，一些作品为了吸引眼球，故意使用粗俗不堪的语言和表现方式，以满足少部分人的低级趣味。

当今，以智能手机终端为代表的数字媒体已经影响了我们每个人的生活，如果在进行数字媒体艺术创意时不自觉遵循基本的审美原则，那么，我们这代人不仅污染了今天的大众文化审美，更可怕的是，为后代留下那些祸害久远的庸俗内容。因此，作为从事数字媒体创意的任何人，都不能为了满足一己之私利，任意炮制粗制滥造的作品。

美是能够使人们感到愉悦的事物。我们要不断追问自己的心灵，不断提高自己的审美情趣，提高对形式美的感知力。更重要的是对自然、社会、人性之美的洞察力，让我们的创意跟当下的大众审美相结合，引领大家的健康审美观。

2. 通俗原则

通俗不是媚俗，更不是恶俗。这里的通俗是指数字媒体艺术创意作品的表现形式要让受众易读易解，不要为了炫耀创作者的艺术技能而故弄玄虚，人为地产生理解障碍。毕竟，数字媒体艺术属于大众艺术，其受众接触数字媒体的动机一半是为了娱乐。

在数字媒体时代，只有通俗易懂的作品才能得到广泛传播。譬如，《愤怒的小鸟》《围住神经猫》都是这样的好作品。但是，我们也要记住，追求通俗并不是抛弃审美和艺术作品的雅趣，而是在创作数字媒体艺术作品时，要先想一下我们的表现形式是否方便受众理解我们的创意主旨，若因表现形式造成传播障碍，无论多新潮、绚丽的技法也都要舍得放弃。

3. 简洁原则

表现手法的单纯简洁，既能带来审美的愉悦，也能提升关注度和理解度。

今天的受众，通过数字电视可以接收上百个频道的内容，还能尽情点播或回放，通过电脑和手机，更可以欣赏数不清的内容。然而，受众不可能有无限的时间和精力来消化繁杂的内容，他们有权选择那些形式简单、易于理解的内容。

事实上，艺术创作形式求繁易、求简难。我们应该把简洁作为一种极致的审美趋向来追求，同时也不反对丰富多样的表现手段，特别是对于数字媒体的商业艺术创意来说，追求简洁的同时也不能够忘记传递足够的信息，切勿因简伤意。

4. 趣味原则

许多富有经验的广告创意人在谈到创意技巧时会特别强调趣味性，因为他们认为广告打扰了人们，因此应该用"有趣点"来补偿。有趣的广告也能减少人们被动接收广告时的抵触心理。

事实上，我们今天的数字媒体艺术创意特别是商业创意存在用户被动接收的概率高于主动接收的情况，因此，我们创作的数字媒体艺术作品在某种程度上也是对受众的一种打扰。所以，我们也应该尽量让我们的创意富有趣味性，以安抚受众被打扰时的不悦心理。另一方面，今天的人接触数字媒体的动机大部分是为了娱乐，因此，在进行数字媒体艺术创意时，创作者应该有意识地运用幽默、诙谐等能增加趣味性的表现手法来满足受众"放轻松"的心理需求。

第四节 数字媒体的创意应用

从数字媒体艺术是技术与艺术的结合的性质来看，数字媒体的创新性不仅体现在内容的创意上，它的创新性更体现在媒体的创意应用上。数字媒体的创意不同于一般的艺术作品创意，它具有非常鲜明的功利性目的——传播。创意活动是围绕达到预定的传播效果来展开的，即在特定的传播目标下对媒体的应用进行创造性的统筹企划。正如亚洲视觉系女导演、《我是歌手》宣传片导演彭宥纶所说："在实际的创意中，不能局限在 TVC、宣传片、预告片等不同领域；不是仅仅站在一个设计师或者一个导演的角度，而是站在一个企划的高度来创作。很多成功的案例说明了创意不仅在于作品的内容，更重要的是如何创造性地使用它们。"

另外，与传统媒体相比，数字媒体还有一个很大的不同，那就是数字媒体的变化和革新的速度之快已经远远超出人们的想象。因此，在编写此书时我们就知道，书里的大部分内容都将过时，这是可以预料的客观事实。所以，在此我们只能竭尽所能，凭借积累的经验和对数字化世界前景较有把握的内容进行陈述。

在介绍数字媒体是如何被创意者创意化地应用之前，先了解两个事实。第一，一切媒体数字化。今天，一切媒体的信息都有可能在被进行收集、处理、储存以及传播的过程中实现数字化运行。传统的报纸和杂志以文本形式被存储在各类阅读终端，比如手机、平板电脑、数字阅读器里，人们随时随地可以轻松阅读。视频拍摄、制作、播放和接收的每一环节都实现了数字化，从而产生了视听效果更好的数字电影、电视和游戏。甚至，单纯的诉诸听觉的广播也转化成了数字广播，更多时候是开车的人们在驾驶过程中收听。数字广播——移动音频，如喜马拉雅 FM、蜻蜓 FM、多听 FM 等媒体不仅受众规模大，并且受众的接受意愿强。纸质的书籍、杂志、报纸等这些有着千百年历史的媒体形态已经显得式微，将和曾经占统治地位的电波媒体一样让位于数字媒体。第二，数字化媒体的创意应用高度依赖技术的发展。在数字化媒体的创意应用中，尽管创意是核心和灵魂，但技术却是实现创意的关键支撑。没有技术的发展，就不会有今天的数字媒体。数字媒体刚兴起时，人们还不称其为数字媒体，而更愿意使用网络媒体这样的名词，因为第一波数字潮就是以万维网的形态冲击了人们的生活。随着智能手机的产生，网络的范畴被扩展了，人们快速拥抱移动互联的到来。3D、增强现实、远程操控、交互对话、机器人等智能技术的更新以及兴起的物联网技术的发展，都将改变未来数字媒体的形式和应用场景。这些都是我们学习数字媒体的创意应用时应该关注的技术方向。

一、数字媒体的常见创意应用

（一）手机创意互动

数字媒体与传统媒体相比，其最大的优势之一就是互动性强，因此，在数字媒体的创意应用中，创作者首先考虑的就是如何通过数字技术的支持实现人和媒体的交互，提升受众的兴趣和参与。智能手机作为今天人均接触最多、接触时间最长的媒体，是创意互动的最好载体。

例如，东风雪铁龙汽车专门在其移动端官网上开发了这样一个艺术形式：让登录官网的受众在签下自己的名字后，可以通过手机欣赏到一场 3D 艺术字的电影！这些艺术字可以 360° 旋转，毫无死角可言。炫酷画面震撼人心，即使和产品的关联度不是那么大，也没有什么传统沟通技巧的消费者洞察可言，但是技术和艺术配合得相当默契，吸引了许多数字媒体的爱好者来体验并纷纷给予好评。

一般说来，组织机构(无论营利性组织还是非营利性组织)的官网访问量都不会太高，即使东风雪铁龙在移动端官网上开发出了这么有艺术创意的互动游戏，如果知道的受众不多，那么这个创意可能就如锦衣夜行，被白白浪费掉了。因此，为了增加用户量和用户黏性，企业必须追加更多预算和精力去解决导流用户到官网的问题。所以，相较于通过移动端官网去实现和用户的互动，开发手机端应用 App 是更多企业采用的手段。

（二）数字媒体和传统媒体的联动创意

在中国手机摇一摇的功能已经实现和电视媒体的联动。例如，在春节联欢晚会直播过程中，它实现了和微信的深度绑定，电视观众通过微信摇一摇的功能不仅能抢"红包"，还能摇出很多惊喜——春晚节目单、正进行表演的演员信息、与好友的距离以及可发送贺卡。

（三）数字媒体和实物的联动创意

在数字技术的支持下，创意人可以将很多原来不具媒体特质的实物如交通工具、建筑大楼等开发成有价值的媒体，创造出人意料又别具一格的媒体接触体验，这就是数字媒体和实物的联动创意的妙处。

比如，三星是全球知名的电子品牌，他们并不制造汽车，但当三星发现阿根廷车祸数量排名全球第五，平均几乎每小时就有一人死于车祸，而大货车是造成车祸悲剧的元凶时（在公路上无论正常跟车还是试图超车，都容易被其硕大的身躯挡住视线而无法判断前方路况，每年因此引发的交通事故数不胜数），他们联手李奥贝纳打造了一辆"透明"的生命卡车。他们在车头装上无线摄像头，在车尾装上四分显示屏，行驶时为后面的车实时直播前方路况，这样一来不仅能有效减少超车引起的交通事故，还可能降低闯上公路的动物遭遇车祸的概率。

作为美国达拉斯牛仔橄榄球队赞助商，AT&T（美国电报电话公司）则和数字技术公司 Obscura 合作设计了一个全新的球场互动体验广告牌，整个广告牌由一个风力供电 LED 显示屏以及能够 360°独立旋转创建编排运动的镜像百叶窗组成。橄榄球球迷可以在每一场比赛之前、比赛时和比赛之后与这个超大百叶窗互动。在球场的角落里也有相应的互动屏幕，供用户查询球队及比赛信息。这无形中增添了人们在球馆看球时的乐趣，当然，他们也会记住给他们提供了更好互动体验的 AT&T 和它的大创意。

（四）借势社交媒体

数字媒体的产生打破了专业组织和机构垄断媒体发布资源的境况，特别是具有即时互动性的社交媒体的发展，使得人人都有发布媒体信息的自由和权利，人人都成为自媒体。因此，在考虑如何创意应用数字媒体时，不妨先看看在这浩瀚的数媒海洋中有哪些媒体信息可供我们借用。

（五）合作和开发，创意无限可能

数字技术为普通人的创意实现提供了无限可能，恰如小米的成功，其软件的不断开发和创新是借助了大量"米粉"的力量。在今天，数字媒体的创意应用也不仅局限于专职数字创意人的专业领域，如果企业或品牌能够提供一个开放和共享的平台，那么，就能激发更多的爱好者进入数字媒体创意应用的世界里来。

二、数字媒体创意的未来趋势

当全球影响力巨大的"戛纳国际广告节"更名为"戛纳国际创意节"的时候，数字创意就成为其中最重要的一个评奖品类。在未来，数字媒体的媒体创意应用将会越来越普及。要想数字媒体创意更震撼人心、互动沟通效果更好，应该关注以下方面。

（一）增强现实技术的革命

增强现实（Augmented Reality，简称 AR），这种技术最早于 20 世纪 90 年代被提出。它是一种将真实世界信息和虚拟世界信息"无缝"集成的新技术，是把原本在现实世界的一定时间空间范围内很难体验到的实体信息（视觉信息、声音、味道、触觉等）通过电脑等科学技术模拟仿真后再叠加，将虚拟的信息应用到真实世界，被人类感官所感知，从而达到超越现实的感官体验。增强现实技术，不仅展现了真实世界的信息，而且将虚拟的信息同时显示出来，两种信息相互补充、叠加。

在视觉化的增强现实中，Google Glass（谷歌眼镜）是全球唯一一款真正意义上实现增强现实技术的硬件设备。但 Google Glass 的普及推广并不成功，这源于它没有提供足够完美的用户体验。现在，又有很多硬件设备商把精力放在革新可戴头盔显示器上，当用户戴上这样的头盔，他们就能把真实世界与电脑图形重合在一起，其和用户的互动效果远胜于之前的智能眼镜设备。

除了智能眼镜、头盔等 AR 智能设备硬件的不断翻新，增强现实的软件技术也在飞速发展。Ingress 是目前全球最受欢迎的增强现实 App。Wikitude 是世界上第一个移动增强的现实平台。它们创造的增强现实浏览器可用于智能手机、平板电脑和 AR 眼镜。

目前，增强现实技术已经在工业、旅游、教育、航空、游戏、零售等行业中得到实际应用。其所带来的触手可及的逼真展示效果更是为广告设计、产品推广提供了全新的创作空间。虚拟与现实的融合交互让各大品牌可以创造更加炫酷的交互体验和更加完整的市场活动，让消费者与不同维度、不同空间的事物互动。国际众多知名品牌，包括宝马汽车、通用电气、乐高玩具甚至好莱坞著名制片厂，都在一次次将增强现实技术成功地用于产品宣传和商业活动。

传统的电视媒体也开始尝试结合 AR 技术来提升视觉效果，比如中央电视台蛇年春晚直播时酷炫的生肖、窗花、波浪等效果就是依靠增强现实技术实现的。增强现实技术还能让杂志、报纸、宣传单等二维平面的纸质出版物衍生出视频、音频等多媒体展现方式，使读者可以更全面地接触信息源，并产生二次阅读和深度阅读，从而吸引更多人关注。

当然，更多的增强现实技术应用会考虑和智能手机、平板电脑结合。例如，一款叫"魔眼"的 AR 浏览器可以将移动设备的摄像头变成一只充满魔力的眼睛。用"魔眼"扫描图片，你能够看到养眼的模特走到你面前表演时装秀，神秘的古埃及陵墓让你虚拟漫游，动感的跑车开出屏幕让你把玩等，并且你也会看到平面图片中看不到的数字信息，诸如商户、优惠、生活、服务信息等。

需要指出的是，增强现实技术不是单独地应用，它的实现通常需要多媒体、三维建模（3D）、实时视频显示及控制、多传感器融合、实时跟踪及注册、场景融合等新技术与新手段的配合。

（二）3D 技术的革命

3D 是比 AR 更为普通人熟知的数字技术应用。今天，3D 甚至 4D 的电影已经非常普及。利用人的两眼（瞳孔）之间 8 厘米左右的距离产生的成像视觉差，通过特殊的 3D 眼镜设备让人的左眼和右眼看到不同的影像，使两幅画面产生一定差距，从而产生 3D 影像的观影效果。

3D 内容生成软件早在 20 世纪 80 年代就开始兴起。今天得到广泛应用和推广的 3D 和4D 软件有很多，比较为人熟知的有以下几种。

1.Auto CAD

Auto CAD 是由美国 Autodesk 公司于 20 世纪 80 年代初为在微机上应用 CAD 技术而开发的绘图程序软件包，经过不断完善，现已成为国际上广为流行的绘图工具。

2.3ds MAX

3ds MAX 是目前应用最广的三维建模、动画及渲染的软件，广泛应用于角色动画及游戏制作。

3.Maya

Maya 是美国 Alias/Wavefront 公司出品的世界顶级三维动画软件，应用对象是专业的影视广告、角色动画、电影特技等。它功能完善，工作灵活，易学易用，制作效率极高，渲染真实感极强，是一款高端制作软件。

4.Cinema 4D

Cinema 4D 是一套由德国公司 Maxon Computer 开发的 3D 绘图软件，以极高的运算速度和强大的渲染插件著称。Cinema 4D 应用广泛，在广告、电影、工业设计等方面都有出色的表现，例如影片《毁灭战士》《范海辛》《蜘蛛侠》以及动画片《极地特快》《丛林总动员》等。

越来越成熟的 3D 观看硬件设备及 3D 内容生成软件的普及和发展，也极大地推动了以 3D 技术为核心的各种媒体创意应用。越来越多的商家在官网上以 3D 形式展示商品，供用户 360°观看和自由配色。有的商家还与时俱进地推出应用于移动设备的 3DApp 软件。例如，雅马哈在欧洲已经推出了一款 3DApp，允许用户在上面组装自己帅气的摩托车，能 360°查看，更换配件，搭配完毕后可以分享到社交网络。

（三）H5 应用的兴起

HTML 是万维网的核心语言标准通用标记语言下的一个应用超文本标记语言。H5 是 HTML5 的简称，是 HTML 的第五次重大修改。

事实上，我们应该乐观看待 H5 技术在中国的应用，因为我国的许多公司也认识到了 H5 的无限前景，并综合各种新技术手段来开发、创造更好的媒体应用。比如，百度在 2015 年尼泊尔地震后推出的 "See you again，加德满都" 的活动就创新地应用了 H5 技术。2015 年 4 月，尼泊尔发生了 8.1 级大地震，地震不仅造成了大量的人员伤亡和财产损失，还对尼泊尔许多名胜古迹造成了毁灭性的破坏。许多科技公司除了捐钱外，还提供了技术支持，如 Facebook 推出的安全确认、Google 的寻人服务，而百度公司则立志为地震中坍塌的当地名胜古迹建立 3D 模型，让那些还没来得及去尼泊尔旅游的用户可以通过百度欣赏这些珍贵的历史遗迹。从某种程度上说，这也是一场浩大的文物修复工程，不仅需要大量的照片，还需要多种技术的支持。百度通过征稿的方式，在短时间内实现图像的收集，调动各方技术团队搭建底层技术根基，构建产品框架，并进行设计和制作。将项目用户端形态定为 H5，使得项目的传播更多地建立在点对点的熟人关系上。"See you again，加德满都"百度全景尼泊尔古迹复原行动上线仅 8 天，就收到来自海内外网友上传的尼泊尔古迹相关照片 42108 张，成功对尼泊尔地震损毁的 8 座古迹进行数字化复原，收获行业内外一致好评，称其为技术引领的数字化驱使下实效营销的有效融合。

第五章 市场营销的管理与环境

第一节 营销管理的内涵及核心流程

一、营销管理的内涵

营销普遍存在于我们的日常生活以及世界每个角落。从我们早上睁开眼睛开始，一天 24 小时都无法离开营销的影响。我们所使用的产品都是营销的标的。回想多年前，当有人提及营销这个话题时，中国的百姓肯定一脸茫然，因为闻所未闻；中国的企业肯定不屑一顾，因为没有需求。在市场经济和全球一体化的长期洗礼中，我们今天已经被大量的营销活动所包围、淹没、充斥和影响，各种层出不穷、五花八门的营销活动，潜移默化地修正了我们的消费观念和行为模式，成为我们日常生活中不可或缺的重要组成部分。营销管理的适用范围越来越广泛，企业、医院、学校、政府、社团、城市乃至国家和国际性组织，无不运用营销的手段扩大影响、满足需求、提高目标受众的忠诚度。正是由于营销无处不在，导致现实中的营销活动形式多到"乱花渐欲迷人眼"的地步。现在若提及营销，很多消费者虽然熟悉但依然是一脸茫然的感觉，很多企业虽然需要但依然有不屑一顾的态度。所以，很需要我们正本清源，剖析营销管理的现象与本质，还原营销管理真实的面目。

（一）营销管理的定义

在日常生活中，很多人把营销等同于推销，认为企业唯一赚钱的部门就是销售部门，而销售部门最重要的工作就是尽可能多地把企业的产品卖给顾客。最厉害的销售人员往往能够在顾客根本没有需要的情况下，依然能够成功地将产品推销出去。管理大师彼得·德鲁克谈及营销与推销的关系时，指出："推销总是必需的，但营销的目的却是让推销变得多余。如果我们能够很好地知道并理解顾客的需求，我们提供的产品和服务就会非常适销对路。营销的理想状态是：你的产品和服务一推出来，正是顾客想要买的。届时我们唯一要做的事情就是保证顾客可以方便地得到我们的产品和服务。"可以看出，推销和销售只是营销管理活动的一部分工作而已。

还有人觉得营销就是打广告、做宣传，只要能够吸引眼球，或者制造轰动效应，营销活动就算成功。所以在相当长一段时间内，企业非常热衷于广告策划和抢占强势媒体的黄金时段，而广告"标王"的称号也的确催生了一些明星产品或增加了原有品牌的知名度。随着"秦池"与"爱多"的光环骤然退去，大家逐渐清楚地认识到营销并不等同于广告宣传。

1. 营销是组织管理职能的有机组成部分

营销不是万能的，必须和生产、财务、人力资源等职能部门整合起来，支撑整个组织的良性运转。各个部门既需要借鉴营销管理的思路，将内部服务的部门视为顾客，识别他们的需要，努力满足他们的需求，也需要以市场为导向，由外而内，都把为顾客提供优质服务、满足顾客需求作为工作的准则。但这种内部营销和全员营销的做法并不是提倡营销要取代其他职能部门的作用。营销能够做到且只能做到的事情就是识别和满足目标顾客的需求。

2. 营销管理是一个过程

组织为了能够生存和发展，必须通过分析、计划、组织、执行和控制等科学管理的手段，充分利用内部资源以应对外部环境的挑战。这个过程不仅是周而复始的闭环的管理流程，而且还是不断调整的动态循环。在分析环节，我们需要对组织的内外部环境进行全面的检测，了解顾客的需求和特点、自身的优势和劣势、竞争对手的强项与不足、合作伙伴的资源与网络以及整个社会的发展趋势等，为后面的营销决策提供科学客观的基础。在计划环节，我们需要明确组织的市场目标，确定目标顾客和市场定位，确定具体的营销组合策略与实施方案，对组织的整体营销活动进行全面系统的规划，为营销活动的实施提供详细的指引。在组织阶段，我们需要整合组织的各种资源，建立合适的策划、销售和服务部门的组织架构和管理团队，确定科学合理的绩效考核和激励的体系，保证营销方案实施的效率和效果。在执行阶段，我们需要对产品、定价、分销和促销等营销手段进行进一步的细化，落实和相关组织、团队和个人的合作形式并付诸实施，同时要整合各个手段之间的效力，共同为实现组织的市场目标而努力，避免出现相互牵制甚至彼此抵消的情形。在控制阶段，我们需要建立各种信息收集、传递的机制以及科学全面的评价指标体系，对营销活动的过程和结果进行有效的适时评估，及时调整或完善具体的实施方案，并为今后的营销决策提供信息。

3. 营销管理的实质是需求管理

营销管理的中心点是识别和满足目标顾客的需求；整合组织的内外部资源，运用各种手段，影响目标顾客需求的时机、水平以及构成，从而保持业务稳定的局面或业务不断增长的趋势。正确识别顾客的需求是让顾客满意的重要前提，如果无法正确把握顾客的真实需求，即使企业的营销活动做得再到位，结果都是大相径庭、风马牛不相及。但识别顾客的需求却是一件非常棘手的事情，现实中往往有两种情况会给这项工作造成不同程度的困扰：一是顾客知道自己的需求，但不告诉你真心话；二是顾客根本就不知道自己到底需要什么。不幸的是，这两种情况在很多行业、很多地区普遍存在，尤其是第二种情况。我们需要不断创新营销手段，真正接近顾客，聆听顾客的声音，熟悉顾客的真实想法与需求。

4.营销管理的目的是平衡所有利益相关者的利益

能否让顾客满意是评估组织的营销活动是否有效的一个重要标准。顾客只有满意了，才有可能持续购买组织提供的产品和服务，才有可能给组织持续带来丰厚的利润或回报，才有可能支撑组织的长期生存与发展。但一味地让顾客满意最大化，往往不是长期的状态，特别是以牺牲员工的利益、股东的利益或公众的利益为代价，一定是一种短期的自杀行为。如果组织的员工、股东或公众不满意，一定会传染到组织的目标顾客群体，从而引起他们的不满意。组织的营销管理也要承担起应有的社会责任，理清组织内部与外部各种群体之间的利益关系，营造良性的利益生态圈，力求所有利益相关者的利益达到平衡。

（二）营销管理的实质

组织的营销管理工作主要是围绕识别与满足目标顾客的需求而展开的。通过影响目标顾客需求的时机、水平以及构成，来维持或扩大现有业务的局面。

按照马斯洛的需求层次论，人的需求从低到高可以分为五个层次：生理的需要、安全的需要、归属的需要、尊重的需要和自我实现的需要。每一种产品和服务就是在满足目标顾客以上某一类或某几类的需要。满足需求的层次越高，组织提供差异化和附加值的空间就越大，与此同时，组织运作的风险和难度也随之变大。

各种需求又因为时机、水平和构成的不同，表现出不同的需求状态，营销管理人员需要针对不同的情形，制定合理的应对措施。

1.负需求

负需求是指顾客对某种东西不喜欢，甚至讨厌、害怕，有时愿意出钱去回避它。当这种不喜欢的局面引起顾客足够的重视时，缓解这种紧张情绪的产品或服务就会受到顾客的青睐。比如，对意外的恐惧而购买人身与财产方面的保险业务。

2.无需求

无需求是指顾客对某种东西没有意识或没有兴趣。这是营销管理者最不愿意看到的一种需求状态。营销人员需要花费大量的时间和精力对顾客进行教育，改变他们现有的需求构成与偏好，甚至是创造需求，激发他们对产品或服务的兴趣与购买欲望。这种情况下的风险和难度非常高，往往"先驱"没有做成，很快就变成"先烈"了。说到这里，你不妨在脑子里演练一下：如果让你把梳子卖给和尚，你会怎么做呢？

3.潜在需求

潜在需求是指消费者对某种东西有很强烈的需求，但现成的产品和服务都无法充分地满足。这种情况一旦被发现，往往会让营销管理人员开心不已，但接下来就很快陷入困顿的状态。原来市场的空白并不是那么容易填补的。很多时候，不是大家不知道空白市场的存在，而是由于技术、资源、政策、文化等因素的制约，导致现在大举进军这片"蓝海"可能是一个时机尚未成熟的冒险行径，"空白"有可能就是"陷阱"。比如，最近几年在空调行业经常谈论的一个节能型产品概念空调热水器，把空调运行时产生的热量收集起来，传输至热水器，加热储存于其中的水，节约能源、方便生活。概念很好，潜在需求看起来也很旺盛，目前也没有成熟的产品可以满足这种需求，但因为技术不成熟、生产成本过高、安装不方便等关键问题还没有被攻克，填补市场空白的行为还须假以时日。

4. 下降需求

下降需求是指消费者对某种东西逐渐失去兴趣，购买的频次开始减少，购买的数量不断下滑。有很多因素导致消费者对某种东西的需求出现下降，比如人口数量的减少、消费习惯的变迁、替代品的兴盛等。营销人员必须分析需求衰退的原因，决定能否通过开辟新的目标市场，改变产品特色，或者采用更加有效的沟通手段来重新刺激需求。比如大学校园里，学生对加入各种社团的兴趣会随着年龄的增长而越来越淡，而改变这种局面就必须重塑各个社团的特色与定位，清晰确定目标群体，加强活动内容与形式的创新。

5. 不规则需求

不规则需求是指消费者对某种东西的需求，每季、每月、每周、每天，甚至每时都在呈现不规则的波动。很多服务行业都会碰到这种情况。比如每逢节假日，火车站、飞机场、电影院、游乐场、公园等场所，总是人满为患，一票难求，大量的设备在低潮期常常闲置不用，而在高峰时又不够用。所以，组织需要通过定价策略、促销推广策略、会员预约制度等手段来平抑需求的不规则波动，改变消费者需求的时间模式。

6. 饱和需求

饱和需求是指消费者对某种东西的需求达到一种满足的状态。此时，组织必须通过保持或提高产品质量，努力维持现有的需求水平。不过，有时还可以通过影响消费者需求的时机和构成，从看似已经饱和的需求中发掘业务增长的潜力，比如牙膏牙刷行业和牛奶行业，通过影响消费者需求的时机，鼓励大家早晚各刷一次牙，早餐、午餐、晚餐和睡觉前都要喝适量的牛奶，成功地将原有产业规模扩放大。

7. 超饱和需求

超饱和需求是指消费者对某种东西的需求远远超出了其能够或者想要达到的水平。很多奢侈、时尚、潮流或珍贵的东西，一旦受到大家追捧并限量供应，就很容易呈现出需求超饱和的状态。组织可以通过提高价格，减少促销宣传活动，或者提倡量力而行，不鼓励过度消费，降低消费者的需求水平。

8. 不健康需求

不健康需求是指消费者对某种东西的需求会引起一些不良的社会反应。比如，消费者对香烟、烈酒、手枪、色情影片和老鼠会（传销组织）有需求，往往会引起周围人群或全社会的抵制与反感。作为身处其中的组织必须承担起应有的社会责任，减少供应，大幅度提价，大力宣传其有害性，或发展替代产品，引导消费者正确消费。

二、营销管理的核心流程

营销管理既然是一个过程，就必须包括分析、计划、组织、执行和控制等环节。在这些环节中，最核心的部分包括市场环境的分析、营销战略的制定和营销组合策略的规划与实施。

（一）分析市场环境

企业的营销管理活动应该从全面了解企业所处的市场环境开始，其中包括顾客、企业自身、竞争者和合作者等微观环境因素，也包括政治法律、经济、社会文化、自然科技等宏观环境因素。对市场环境的详细分析，是企业进行有效的营销管理决策的前提与基础。

1. 在顾客分析部分，企业需要知晓

哪些群体可能会对企业的产品产生兴趣和购买欲望，哪些群体值得企业去吸引并挖掘，哪些卖点会触动他们尝试性使用，哪些因素会促使他们持续购买和使用。

2. 在公司分析部分，企业需要了解

自身到底存在哪些优势和劣势，可以发挥哪些优势最好满足顾客的部分需求，需要缓解或弥补哪些劣势以减少顾客的不满。

3. 在竞争者分析部分，企业需要熟悉

到底谁才是真正的主要竞争对手；与企业相比，它们到底有哪些主要的优势和劣势；竞争对手在满足顾客部分需求方面，有哪些能力是企业无法超越的；企业拥有哪些核心能力可以对抗竞争对手。

4. 在合作者分析部分，企业需要辨识

哪些外部力量可以帮助企业对抗竞争对手，更好地满足顾客的部分需求；企业利用这些外部力量的可能性有多大；企业将这些外部力量连接成为一个稳固的关系网络并形成合力的可能性又有多大。

在宏观环境分析部分，企业需要看清整个外部环境的发展趋势，明确哪些趋势可以支撑企业发挥优势，哪些趋势迫使企业必须进行变革。政治法律、经济、社会文化、自然科技等宏观环境的变化是单个企业无法左右或抗衡的，企业只有顺应潮流和趋势，才能获得良好的生存与发展空间。

（二）制定营销战略

在分析市场微观环境和宏观环境之后，企业可以开始规划营销管理的战略内容，包括细分市场、确定目标市场和定位。

在前面环境分析的基础上，企业对整个市场结构有了一个比较清晰的认识，可以运用一些市场通用的准则或潜在顾客比较敏感的因素对市场进行划分，找到不同群体之间的差异和群体内部的共性，描述每一个群体的基本特征与需求特性。企业不可能满足所有顾客的所有需求，所以往往需要对每一个细分市场的潜力、进入的难度与风险进行评估，从中选择一个或几个细分市场作为企业的目标市场。

一旦确定目标市场，企业需要通过某种优势或特色来区别于其他的竞争对手，吸引目标市场上的顾客购买和使用企业的产品和服务。这种优势或特色，就是一种感知差异，也可以说是卖点，当目标顾客觉得企业的产品和竞争对手的产品是不一样的，而且这个不一样正是他们所看重的，愿意花钱甚至花更多的钱来购买这个差异，那么，企业的定位就获得了成功。

（三）规划营销组合策略

确定了市场定位之后，企业可以综合规划各种营销组合策略，来实现营销管理的战略目标。企业可以用来影响目标顾客、对抗竞争对手的营销策略、工具或手段包括产品、定价、分销、促销等内容。

1. 产品策略

包括品牌策略、产品组合策略、产品生命周期管理策略、新产品开发策略、产品包装策略等内容。

2. 定价策略

包括基本定价策略、心理定价策略、价格调整策略、价格优惠与折扣策略、价格体系管理与控制策略等内容。

3. 分销策略

包括分销广度决策、分销密度决策、分销深度决策、渠道冲突管理策略、渠道整合策略、销售终端管理策略等内容。

4. 促销策略

包括广告策略、人员推销策略、销售促进策略和公共关系策略等内容。

为了方便记忆，学者们将营销组合策略的内容归纳为四个 P，但实际的工作非常烦琐和庞杂。在企业实际操作过程中，这些工作往往分散在不同的团队、部门、地区和时段实施，最容易出现脱节甚至相互抵触。所以，营销策略实施的重点是组合管理，最大可能地发挥出所有营销策略的合力。

（四）营销管理成功的关键因素

在整个营销管理的核心流程中，我们可以看出，决定企业营销活动成败的关键因素是：系统、逻辑和细节。

1. 系统

企业开始进行营销决策或者碰到棘手的问题时，千万不要就事论事，头痛医头，脚痛医脚，要全面分析各种影响因素，从企业内部和外部寻找问题的症结，对症下药，从根本上彻底解决问题。

2. 逻辑

定位是整个营销管理核心流程中的关键点，它起到了承上启下的作用，是整个营销管理活动的灵魂与重心。在营销管理的核心流程中，前面的分析环节、细分市场与确定目标市场，都是为了帮助企业找到一个合理的卖点或感知差异，而后面的所有营销策略都是围绕着如何在目标顾客的心目中把这个感知差异稳稳地扎根下来。

3. 细节

无论是市场环境分析环节、营销战略制定环节，还是营销策略规划与实施环节，以上列出的要点都要考虑到，尽可能为决策提供详细而全面的信息。同时要尽量把所有可能出现的情况以及应对的预案都详细规划出来，确保执行和监控的效果。

第二节　营销管理的创新

营销创新有利于促进企业的长远发展，提升企业的经营绩效。在实践中，营销管理研究方法的创新对于企业营销创新起着十分重要的作用。这是因为营销管理研究方法的创新可以促使管理者以创新的思维认识产品、机构、职能等，进而推进观念创新、技术创新等。

一、营销管理研究方法的创新

营销管理以克服市场交换活动的障碍，促使市场交易顺利实现为研究目标，致力于研究需要产生和满足、产品开发与价值、参加交易的组织和个人行为及其影响因素、交易的过程与规律以及促使交易成功的各种策略组合等重要问题。但就其理论和实践的成熟过程而言，研究的角度和方法是在不断变化的，大体上有产品研究、职能研究、机构研究和管理研究等几种不同的方法。

（一）产品研究方法

20 世纪初，营销研究刚刚开始，营销管理者主要是通过对各种不同产品在市场交易活动中的特征分析来研究企业的营销行为。如韦尔德最早的营销管理的著作就是《农产品营销》；科普兰在 1923 年提出了著名的产品分类理论，将所有的消费品分为便利品、选购品和特殊品，并研究了消费者在购买这些不同类别产品时的行为特征。在此之前，帕林就已提出过对"妇女购买的商品"进行分类的思想。他将这些商品分为便利品、急需品和选购品等不同类型。劳德斯在1927年还提出根据产品的使用特征、物理特征（易腐性、体积、价值集中）和生产特征（生产规模、生产地点、生产周期、生产方法、生产集中度）来对产品进行分类的思想。这些理论的提出强调了营销基于相当实用性的原则对各种不同类型的企业和产品的适应性。

（二）职能研究方法

从企业营销职能的角度对营销管理进行研究集中于20世纪30年代之前，阿克·肖于1912年在《经济学季刊》中第一次提出了职能研究的思想。当时他将中间商在产品分销活动中的职能归结为五个方面：①风险分担；②商品运输；③资金筹措；④沟通与销售；⑤装配、分类与运输。韦尔德在1917年对营销职能也进行了研究，提出了装配、储存、风险承担、重新整理、销售和运输等职能分类。1935年，富兰克林撰文指出，已有的职能研究已经提出了52种不同的营销职能，但并未对分销过程中两大隐含的问题做出解释：一是哪些职能能使商品实体增加时间、地点、所有权、占有权等效用；二是企业经营者在分销过程中应当主要承担哪些职能。富兰克林认为：在第一个问题上，主要有装配、储存、标准化、运输和销售等五项职能；在第二个问题上，企业经营者则主要应履行承担风险和筹集营销资本等两项职能。

从职能角度对营销管理的研究直接导致了对营销策略组合的研究。尼尔·博登在1950年提出的"营销策略组合"将企业的营销活动的相关因素归结为12个方面，包括：产品、品牌、包装、定价、调研分析、分销渠道、人员推销、广告、营业推广、售点展示、售后服务以及物流等。之后，又有学者将这些因素归纳为同提供物有关的"基本因素"和同销售活动有关的"工具因素"。直至1960年杰罗姆·麦卡锡提出著名的4P组合，实际上都继承了职能研究的分类研究方法。因此，职能研究方法为以后占主导地位的营销管理学派的产生奠定了基础。

（三）机构研究方法

与职能研究方法不同，机构研究方法主要分析执行营销职能的组织及其相互之间的关系。早期的机构研究主要集中于中间商和分销渠道的组织与效率。韦尔德在他的《农产品营销》中指出，"要执行营销职能，问题是要发现最经济的职能组合"，他针对一些人对中间商的偏见指出，"用第一手资料不偏不倚地研究营销系统，将发现：现有的营销系统是胜任的，而不是臃肿和浪费的，有其存在的客观必要"。巴特勒在1923年出版的《营销与经销》一书中强调了中间商和渠道机构所创造的地点效用和时间效用，从理论上肯定了中间商的地位。20世纪三四十年代，加入营销机构研究的人越来越多，美国宾夕法尼亚大学沃顿商学院的布莱耶撰写了《营销机构》一书，强调了营销机构的重要性，他指出："完成执行营销职能的相关工作需要建立庞大且高度复杂的商业机构，这个机构的各个部门都涉及与营销有关的各种商业事宜。"之后，一些学者又对营销渠道中的"纵向一体化"问题展开了研究，考虑到了对生产和分销过程中独立营销机构的总体控制和协调，最后形成了"垂直营销系统"的理论。这实际上已经进入营销管理研究的领域。所以说从管理角度对营销进行研究的营销管理学派，其理论基础仍来源于之前的产品、职能和机构研究学派。

（四）管理研究方法

从 20 世纪 50 年代开始，随着国际市场竞争的日益激烈，从企业整体角度进行营销的战略决策变得格外重要。企业要获得营销的成功，绝不能仅依赖于在某一具体部门或个别行为上的努力，而更取决于企业各种营销资源的有效组合和相互支撑，于是营销的研究也就自然而然地进入了以管理为导向的阶段。

尼尔·博登在 1950 年提出了"营销组合"的概念，强调了从企业整体营销目标的实现出发，对各种营销要素的统筹和协调，而企业的经理就是"各种要素的组合者"，这是从管理的角度提高营销效率的重要思想。这一思想后来被麦卡锡发展为 4P 营销策略组合的著名理论，20 世纪 80 年代后出现的"整合营销"理论也包含了这方面的思想。1956 年，温德尔·史密斯的"市场细分"理论的提出使企业的营销真正上升到战略规划的层次，其同之后的"目标市场"和"市场定位"理论一起，共同构成了"STP"的营销战略思想，为从管理角度研究营销做出了重要的贡献。1960 年，西奥多·莱维特提出了"营销近视症"的问题，强调了以顾客需求为导向来制订企业发展战略规划的问题，实际上是进一步明确了营销观念在企业管理决策中的重要地位。菲利普·科特勒于 1967 年出版了《营销管理》的著作，之后不断完善，最终形成了对营销进行分析、计划、管理与控制的完整理论体系，使从管理角度研究营销的方法成为集各种研究方法之大成的基本研究方法，从而在推动营销理论和实践的发展方面发挥了重要的作用。

二、管理创新要求加强营销管理

通过 40 多年的改革开放，我国企业在吸收国外先进管理经验、推进企业管理现代化方面取得了很大成绩。但是，不少企业重生产、轻营销的现象依然不同程度地存在，企业营销管理尚不能完全适应社会主义市场经济的要求。

推进企业管理创新，就是要求在完善现代企业制度的基础上，在生产运作、市场营销、财务会计、研究开发、人力资源等各方面与时俱进，开拓创新，确保企业核心能力持续增强。而在所有职能管理中，唯有营销管理既涉及企业内部管理（如产品开发、产品定价、品牌管理等），又涉及外部管理（如渠道管理、促销管理、客户服务等）。事实上，市场营销是连接企业与市场的桥梁，关系到企业对市场需要的反应速度，决定着产品"惊险跳跃"的成败，影响着企业的业务范围和发展方向。因此，管理创新的关键是加强营销，即企业根据不断变化的市场需求，充分利用现代高新技术手段，努力推进营销观念、营销组织、营销方式的创新和改进。这是时代发展和环境变化给我国企业提出的崭新课题，也是企业管理创新的内在要求和必然趋势。

在以往卖方市场条件下，买主有求于卖主，大多数企业的管理重心是生产能力的扩张，而很少在市场信息的收集与分析、营销体系的建立、营销战略战术的研究、售后服务体系的建设和客户群及中间商的稳定方面下大功夫。现在，我国企业长期习以为常的卖方市场已悄然转变为买方市场。

过去由生产能力决定企业发展的局面，已转变为企业发展取决于市场容量和市场占有，取决于产品的市场形象和顾客价值，取决于营销网络的建立和完善。市场环境的根本性变革，使得一些企业生产能力过剩而营销能力不足的弱点进一步暴露出来。所以，在新的时代背景下，推进企业管理创新，关键是要强化营销管理。

加强市场营销，关系到社会主义市场经济体制的建立和完善。因为，没有企业在管理和市场营销方面有效机制的建立，社会主义市场经济体制是建立不起来的，公有制同市场经济的有机结合最终也难以实现。市场营销是通过满足市场需要寻求企业利润与发展的管理活动。搞好市场营销，是发展市场经济的应有之义。建立和完善社会主义市场经济体制，归根结底要解决好市场问题，根据市场需求合理配置资源。

在市场经济条件下，最终制约企业发展的永远是市场营销，加强市场营销是企业永恒的课题。企业只有面向市场组织生产和经营活动，才能提高产品的市场占有率和企业的整体竞争力，才能为全面建成小康社会做出积极的贡献。总之，加强营销是企业管理创新的必由之路，是社会主义市场经济体制得以完善的重要条件。也正是由于越来越多的企业认识到市场营销的重要性，在推进管理创新的过程中，着力加强营销管理，市场营销才得以成为最热门的专业。

第三节　市场营销环境分析

一、市场环境的概述

企业处于市场这个变幻莫测的环境中，总是受到各类客观因素的影响。市场营销作为企业重要行为之一，既受自身条件的制约，又受外部条件的影响。在营销活动中，企业必须根据现实环境及其发展趋势，识别由于环境变化而造成的机会和威胁，制定并不断调整营销策略，自觉地利用市场机会，防范可能出现的威胁。处理好与环境的关系，是企业生存与发展的前提。

（一）市场营销环境的含义

市场营销环境是一个不断发展和完善的动态概念。在 19 世纪，西方工商企业仅仅将市场当作销售环境。到 20 世纪 30 年代，又把政府、工会、投资者等与企业有利害关系的关系者也看作环境。进入 20 世纪 60 年代，自然生态、科学技术、社会文化等环境因素被列入企业市场营销所必须考虑的范畴。从 20 世纪 70 年代起，企业开始重视对政治、法律的研究。20 世纪 80 年代后，世界各国对环境保护、生态平衡的重视程度日益提高，通过立法、制定标准等各种途径保护人类的生存环境。这些环境的变化，对企业的经营活动既造成了环境威胁，又营造了新的市场机会。因此，现代市场营销观念认为，企业的决策者必须采取适当的措施，经常监视和预测其周围的市场营销环境的发展变化，并善于分析和鉴别由于环境变化而造成的主要机会和威胁，及时调整市场营销中的各种可控因素，使其经营管理与市场营销环境的发展变化相适应。

（二）市场营销环境的构成

市场营销环境可以分为微观市场营销环境（或微观环境）和宏观市场营销环境（或宏观环境）两大类。微观环境包括企业内部因素和企业外部的供应商、营销中介、顾客、竞争者和公众等因素，宏观环境包括人口、经济、自然、科技、政治法律、社会文化六大因素，所有企业和市场都要受宏观环境力量的影响和制约，并且，这些环境因素不是静态不变的，而是经常处于变动之中，对企业的经营管理活动造成一定的冲击。

（三）市场营销环境的特征

1. 客观性

企业总是在特定的社会经济和其他外界环境条件下生存和发展。这种环境不以企业的主观意志为转移，具有强制性与不可控性的特点。企业能够控制自身的人、财、物等资源，但外部的营销环境是企业无法控制和预测的。企业的营销活动只能适应和利用客观环境，但不能改变或违背。主观地臆断某些环境因素及其发展趋势，往往造成企业盲目决策，导致在市场竞争中的失败。

2. 差异性

市场营销环境的差异性不仅表现在不同的企业受不同环境的影响，而且同样一种环境因素的变化对不同企业的影响也不相同：可能对某些企业或行业造成威胁，而为另一些企业或行业却提供了市场营销机会。如海湾危机对国际石油资源市场的供给和需求造成极大的波动，对消耗油料的相关企业，如石化系统的企业影响十分大，而对那些与石油关系不大的企业，影响就小。

3. 相关性

市场营销环境是一个系统，在这个系统中，各个影响因素是相互依存、相互作用和相互制约的。营销环境中某一因素的变化，会带动其他因素的相互变化，形成新的营销环境。

4. 多变性

营销环境是企业营销活动的基础和条件，这并不意味着营销环境是一成不变的、静止的。构成营销环境的诸因素都受众多因素的影响，每一个　　　环境因素都随着社会经济的发展而不断变化。

5. 不可控性

企业可以控制其内部的人、财、物等资源，但营销环境却是企业无法控制的外部影响力量。例如，无论是直接营销环境中的竞争者特点，还是间接营销环境中的自然环境，都是企业不可能决定的。

二、市场机会分析

市场机会是指尚未满足的市场需求。市场机会产生于营销环境的变化，如新市场的开发，新产品、新工艺的采用等，都可能产生新的待满足需求，从而为企业提供市场机会。明确市场机会的特点，分析市场机会的价值，有效地识别市场机会，对于避免环境威胁及确定企业营销战略具有重要的意义。

（一）市场机会的特点

市场机会作为特定的市场条件，是以其利益性、针对性、时效性、公开性四个特征为标志的。

1. 利益性

市场机会的第一个特性就是可以给企业带来经济的或社会的效益，即利益性。市场机会的利益特性意味着企业在确定市场机会时，必须分析该机会是否能给企业真正带来利益、能带来什么样的利益以及利益的多少。

2. 针对性

特定的营销环境条件只对那些具有相应内部条件的企业来说是市场机会。因此，市场机会是具体企业的机会，市场机会的分析与识别必须与企业实际情况结合起来进行。确定某种环境条件是不是企业的市场机会，需要考虑企业所在行业及本企业在行业中的地位与经营特色，包括企业的产品类别、价格水平、销售形式、工艺标准、公众形象等。例如，折扣销售方式的出现，对生产大批量、低价格产品的企业来说是一个可以加以研究利用的市场机会，而对在顾客心目中一直是生产高质、高价产品的企业来说，就不能算作是一个市场机会。

3. 时效性

对现代企业来讲，由于其营销环境的发展变化越来越快，企业的市场机会往往稍纵即逝。同时，环境条件与企业自身条件最为适合的状况也不会维持很长时间，在市场机会从产生到消失这一短短的时间里，市场机会的价值也快速经历了一个价值逐渐增加，再逐渐减少的过程。市场机会的这种价值与时而变的特点，便是市场机会的时效性。

4. 公开性

市场机会是某种客观的、现实存在的或即将发生的营销环境状况，是每个企业都可以去发现和共享的。与企业的特有技术、产品专利不同，市场机会是公开化的，是可以为整个营销环境中所有企业所共用的。市场机会的公开化特性要求企业尽早去发现那些潜在的市场机会。

（二）市场机会的价值分析

不同的市场机会给企业带来的利益大小也不一样，即不同市场机会的价值具有差异性。为了在千变万化的营销环境中找出价值最大的市场机会，企业需要对市场机会的价值进行更为详细具体的分析。

1. 市场机会的价值因素

市场机会的价值大小由市场机会的吸引力和可行性两方面决定。

（1）市场机会的吸引力

市场机会的吸引力是指企业利用该市场机会可能创造的最大利益。它表明了企业在理想条件下充分利用该市场机会的最大极限。反映市场机会吸引力的指标主要有市场需求规模、利润率和发展潜力。市场需求规模表明市场机会当前所提供的待满足的市场需求总量的大小，通常用产品销量或销售金额来表示；利润率是指市场机会提供的市场需求中单位需求量当前可给企业带来的最大经济利益；发展潜力反映市场机会为企业提供的市场需求规模、利润率的发展趋势及其速度情况，发展潜力也是确定市场机会吸引力大小的重要依据。

（2）市场机会的可行性

市场机会的可行性是指企业把握住市场机会并将其化为具体利益的可能性。从特定企业角度来讲，仅有吸引力的市场机会并不一定能成为本企业实际上的发展良机，而具有大吸引力的市场机会必须同时具有可行性才会是企业高价值的市场机会。例如，某公司在准备进入数据终端处理市场时，意识到尽管该市场潜力很大（吸引力大），但公司缺乏必要的技术能力（可行性差，市场机会对该公司的价值不大），所以一开始并未进入该市场。后来，公司通过收购另一家公司具备了应有的技术（此时可行性已增强，市场机会的价值已增大），这时公司才正式进入该市场。

市场机会的可行性是由企业内部环境条件、外部环境状况两方面决定的。企业内部环境条件决定了该企业能否把握住市场机会。只有适合企业的经营目标、经营规模与资源状况的市场机会，才会具有较大的可行性。企业外部环境状况从客观上决定着市场机会对企业可行性的大小。外部环境中每一个环境要素的变化都可能使市场机会的可行性发生很大的变化。例如，某企业已进入一个吸引力很大的市场，在前一段时间里，由于该市场的产品符合企业的经营方向，并且该企业在该产品生产方面有工艺技术和经营规模上的优势，企业获得了相当可观的利润。然而，随着原来的竞争对手和潜在的竞争者逐渐进入该产品市场，并采取了相应的工艺革新，使该企业的差别优势开始减弱，市场占有率也开始下降，该市场机会的可行性开始减弱。

2. 市场机会价值的评估

确定了市场机会的吸引力与可行性，就可以综合这两个方面对市场机会进行评估。按吸引力大小和可行性强弱组合可构成市场机会的价值评估矩阵，如图 5-1 所示。

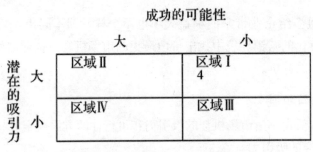

图 5-1   市场机会价值评估矩阵

区域 I 为吸引力大、可行性弱的市场机会。一般来说，该种市场机会的价值不会很大。除了少数好冒风险的企业外，一般企业不会将主要精力放在此类市场机会上。但是，企业应时刻注意决定其可行性大小的内、外环境条件的变动情况，并做好当其可行性变大而迅速进入区域 II 的准备。

区域 II 为吸引力、可行性俱佳的市场机会，该类市场机会的价值最大。通常，此类市场机会既稀缺又不稳定。企业营销人员的一个重要任务就是要及时、准确地发现有哪些市场机会进入或退出了该区域。该区域的市场机会是企业营销活动最理想的经营内容。

区域 III 为吸引力、可行性皆差的市场机会。通常企业不会去注意该类价值最低的市场机会。该类市场机会不大可能直接跃居到区域 II 中，它们通常须经由区域 I、IV 才能向区域 II 转变。当然，有可能在极特殊的情况下，该区域的市场机会的可行性、吸引力突然同时大幅度增加。企业营销人员应对这种现象的发生做好及时应对的准备。

区域 IV 为吸引力小、可行性大的市场机会。该类市场机会的风险低，获利能力也小，通常稳定型企业、实力薄弱的企业以该类市场机会作为其常规营销活动的主要目标。对该区域的市场机会，企业应注意其市场需求规模、发展速度、利润率等方面的变化情况，以便在该类市场机会进入区域 II 时可以及时有效地予以把握。

需要注意的是，该矩阵是针对特定企业的。同一市场机会在不同企业的矩阵中出现的位置是不一样的。这是因为对不同经营环境条件的企业，市场机会的利润率、发展潜力等影响吸引力大小的因素状况以及可行性均会有所不同。

在上述矩阵中，市场机会的吸引力与可行性大小的具体确定方法一般采用加权平均估算法。该方法将根据市场机会吸引力（或可行性）的各项因素的权值，再对当前企业这些因素的具体情况确定一个分数值，最后加权平均之和即从数量上反映了该市场机会对企业的吸引力（或可行性）的大小。

三、环境威胁分析

对于环境的分析，不仅要分析机会，也必须关注环境给市场营销活动带来的威胁。环境威胁是指环境中不利于企业营销的因素的发展趋势，对企业形成挑战，对企业市场地位构成威胁。这种挑战可能来自国际形势的变化，也可能来自社会文化环境的变化；可能来自国家政策的变化，也可能来自行业竞争格局的变化。这些变化中，有些威胁具有普遍性，任何企业都身处其中，如由于国际铁矿石价格上涨，使国内钢材、房地产等行业均受到巨大的成本压力，进而影响到其他行业的成本上升，这种影响具有普遍性。有些环境变化仅仅对本行业产生影响，而对其他行业影响甚小。因此，即使在同一行业内、同一营销环境中，由于不同企业的抗风险能力不同，其所受影响的程度也是不同的。企业应重视对市场营销环境的分析，以回避风险，抓住机遇。

（一）环境威胁矩阵

分析研究市场营销环境对企业的威胁，一般从以下两个方面进行：一是分析威胁的潜在严重性，即影响程度；二是分析威胁出现的可能性，即出现概率，其分析矩阵如图 5-2 所示。

出现概率

		高		低	
影响程度	大	区域Ⅰ 3	5	区域Ⅱ 1	6
	小	区域Ⅲ 2　　4	8	区域Ⅳ	7

图 5-2　威胁分析矩阵图

区域Ⅰ，环境威胁的严重性较高，且出现的概率也高，这表明企业面临着严重的环境危机，企业应高度关注环境变化，采取相应的对策，以回避威胁或尽可能地减少威胁所带来的损失。

区域Ⅱ，环境威胁的严重性较高，但出现的概率较低，这表明企业的外部环境随时会有危机出现，企业应密切关注其发展状态，同时制定相应的应对措施，以有效回避环境威胁。

区域Ⅲ，环境威胁的严重性较弱，但出现的概率较高，虽然企业面临的威胁不大，但由于出现的可能性大，企业必须充分关注营销环境的变化。

区域Ⅳ，环境威胁的严重性较弱，且出现的概率较低，此时企业应在稳定发展的基础上，适当关注其发展动向。

（二）企业面对环境威胁应采取的对策

环境变化对企业的影响是不可避免的，企业必须给予足够的重视，并制定相应的措施，尽可能地减少环境威胁所带来的危害。企业常用的策略有以下三种。

1. 转移策略

转移策略是指当企业面临威胁时，通过改变本企业受威胁产品的现有市场，或者转移投资方向来回避环境变化对企业的威胁。这种策略通常包括以下三种转移。

（1）产品转移

即将受到威胁的产品转移到其他市场。例如，随着我国通信业 5G 技术的蓬勃发展，一些通信技术的国内企业逐渐开始进行产品转移，开拓海外市场，以回避国内逐渐萎缩的产品市场。

（2）市场转移

即将企业的营销活动转移到新的细分市场上去，如房地产商针对年轻人低存款、低收入的群体特点，大规模地开发小户型商品房，将目标市场转移到刚刚进入社会开始考虑置业的青年群体。

（3）行业转移

即将企业的资源转移到更有利的新行业中去，如有些家电企业面临行业的激烈竞争，决定放弃自己原有的主营产品，转移到其他行业。

2. 减轻策略

减轻策略是指当企业面临环境威胁时，试图通过调整、改变自己的营销组合策略，减轻环境威胁对企业的负面影响。例如，原材料价格上涨导致生产成本上升，可通过加强管理，提高效率，提高市场销售量，扩大市场占有率甚至提高产品价格等措施来减轻原材料价格上涨带来的威胁。

3. 对抗策略

对抗策略是指当企业面临环境威胁时，试图通过自己的努力来限制或扭转环境中不利因素的发展。对抗策略也被称为积极、主动的策略。企业在运用对抗策略时应充分发挥本企业的优势，比如良好的公共形象、借助政府法令等强有力的措施，来限制或扭转不利局势。

第四节　市场营销微观与宏观环境

一、市场营销微观环境

市场营销微观环境受制于宏观营销环境，但又直接影响和制约着企业为目标市场服务的能力。市场营销微观环境是由直接制约和影响企业营销活动的力量和因素构成的，即与企业有双向活动关系的个体、集体和组织。一般来说，企业对这些因素也有直接的影响和控制。企业想在满足目标市场顾客需要的同时获得利润，需要把供应商和营销中介联系起来，形成以供应商—企业—营销中介—顾客为核心的链条，竞争者和社会公众也是不容忽视的制约因素。通过分析各个影响因素的特征，企业能更好地协调与这些群体的关系，也使得自身与市场营销微观环境相协调，适当地调整、影响市场营销微观环境也是非常重要的。

（一）企业

企业是组织生产和经营的经济单位，要实现既定的营销目标，必须建立规范的组织机构体系，一般设置最高管理层，除此之外，还会设置财务部、人事部、后勤部、研发部、采购部、生产部、销售部、公关部等。企业内部各职能部门既应有明确的分工，又必须保持良好的协作关系。

（二）供应商

供应商是为企业进行生产提供原材料、零部件、能源和劳务等资源的供货单位。企业的采购人员应时刻关注各类供应商品的价格变动趋势和市场供求状况，与重要供货商建立长期稳定的供销关系，保证正常生产，以防原料短缺、价格上涨，被迫停产。

企业要想维持正常运转，完成预计生产目标，任何供应环节出现问题都会影响企业的生产活动。供应商对企业供货的稳定性和及时性，是企业活动顺利进行的前提。供应商提供的各种资源价格是否公道，质量是否有保证，都将直接影响企业产品的价格、质量、销量、利润和信誉。例如，劣质的葡萄生产不出优质的葡萄酒，劣质的建筑材料建不成稳固的建筑。因此，企业势必对供应商的情况做全面透彻的了解和分析，实时掌握供应商的生产状况，做到心中有数。另外，尽量使自己的供应商多样化，避免对一家或少数几家供应商过分依赖。针对特殊原材料的供应商，最好签订长期协议。

（三）营销中介

营销中介是协助企业推广、销售和分配产品给最终买主的那些企业。按照职能可以分为以下几种类型。

1. 中间商

中间商主要负责寻找或直接与顾客进行交易，包括代理商和经销商。代理商通过介绍客户或与客户磋商交易从中获利，没有商品的所有权；经销商通过购买商品获得商品所有权后，进行出售而获利。

2. 实体分配机构

实体分配机构主要负责协助公司储存产品及把产品运往目的地，包括仓储公司和运输公司。仓储公司在货物运往目的地前提供储存和保管服务，运输公司将货物运往目的地。

3. 营销服务机构

营销服务机构主要负责协助企业选择目标市场，确立市场地位并协助促销产品，包括市场调研公司、营销咨询公司、广告公司、会计师事务所、审计事务所等。一些大企业或公司往往有自己的市场调研部门和广告部门，但大多数企业都会委托专业公司来为其办理相关事务。企业管理者应在充分了解的基础上选择符合自身要求的专业公司，以保证质量和服务水平。

4. 金融机构

金融机构主要负责营销活动中的资金融通和保险服务，包括银行、信贷机构、保险公司、证券公司等。市场经济中，任何企业都需要通过金融机构开展经营业务。例如，企业的财务往来要通过银行结算，信贷受限会使企业经营陷入困境，货物需要通过保险转移。

以上所述都是市场营销不可缺少的中间环节，大多数企业的营销活动，都必须通过这些机构的协助才能顺利进行。例如，如果企业没有建立自销渠道，就需要依靠中间商的分销；扩大市场和建立自销渠道，必须借助仓储公司和运输公司的力量；选择最正确的目标市场，并在这一市场发展，需要营销服务机构的协助；企业资金的周转和运作，要依托银行等金融机构。营销中介对企业营销活动的影响显而易见，商品经济发达使社会分工细化，这些中介机构的作用愈加明显。在瞬息万变的市场中，处理好与营销中间商的关系对企业的营销活动意义重大。

（四）顾客

顾客是指购买或可能购买企业产品和服务的个人或组织，是企业的服务对象和目标市场，也是营销活动的出发点和归宿。市场营销的开展都应以满足顾客的需求为中心。企业所提供的产品和服务，如果不能为顾客所认可和接受，就无法销售出去。企业营销人员要经常分析了解顾客的需要，及时掌握顾客对企业产品的态度及对市场上其他同类产品的态度，营销活动的开展才能有效和有针对性。企业的顾客一般按照顾客性质的不同，可将市场划分为消费者市场、生产者市场、销售者市场、政府市场和国际市场五大类型。由于每个市场需求的差异性，企业所制定的营销策略和所提供的服务方式各不相同。

（五）竞争者

在市场经济的前提下，竞争日渐激烈。除受政策性保护外，企业在市场中很难居于垄断地位，企业都会面对形形色色的竞争对手，竞争是不可避免的。竞争者主要是指在生产或提供相同或可替代的产品和服务的其他企业或类似机构。营销策略的制定必须识别竞争对手，展开深入分析，做到知己知彼。

（六）社会公众

社会公众是指与企业存在相互联系，对企业的目标实现会产生影响的团体或个人。社会公众包括企业内部公众、一般公众、政府公众、社区公众、新闻媒体公众、顾客公众、金融公众、名流公众和国际公众等。处于现代市场中的企业是一个开放的系统，它在经营活动中必然与各方面发生联系，必须处理好与各方面公众的关系。公众喜爱企业的产品，则企业自身的形象价值也相应提高；反之，则下降，甚至影响产品的继续销售和企业的发展。所以，社会公众对企业的发展既可能产生积极的推动作用，又可能产生消极的妨碍作用。因此，企业必须密切关注各类公众的动态，处理好与公众的关系，运用公共关系手段加强与公众的交流和沟通，争取得到公众的支持和喜爱，使企业处于良好的公众关系状态，为自己营造和谐的社会环境。

二、市场营销宏观环境

市场营销宏观环境是指给企业造成市场营销机会和环境威胁的主要社会力量，包括人口环境、经济环境、自然环境、技术环境、政治和法律环境以及社会文化环境，这些主要的社会力量是企业不可控制的变量。

（一）人口环境

企业必须密切注意人口环境方面的动向，因为市场是由那些想买东西并且有购买力的人（潜在购买者）构成的，这种人越多，市场的规模就越大。许多国家人口环境方面有以下主要动向。

1. 世界人口迅速增长
世界人口迅速增长的主要原因是：随着科学技术进步、生产力发展和人民生活条件改善，平均寿命大大延长，死亡率大大下降；发展中国家的人口出生率上升，人口迅速增加。世界人口尤其是发展中国家的人口将继续增长，意味着世界人民的需要和世界市场将继续增长，同样，我国的市场潜量也是很大的。

2. 发达国家的人口出生率下降

发达国家人口出生率下降的主要原因是：越来越多的妇女参加工作，避孕知识和技术提高。这种人口动向对儿童食品、儿童用品、儿童服装、儿童玩具等行业是一种环境威胁，这种人口动向对某些行业有利。例如，许多年轻夫妇有更多的闲暇时间和收入用于旅游、在外用餐、娱乐，因此给旅游业、餐饮业、体育娱乐业等提供了有吸引力的市场机会，促进了第三产业的发展。

3. 许多国家人口趋于老龄化

许多国家尤其是发达国家的人口死亡率普遍下降，平均寿命延长。这种人口动向无论对社会还是对企业营销的影响都将是深刻的。由于人口老龄化，一方面，市场对摩托车、体育用品等青少年用品的需要日益减少；另一方面，老年人的医疗和保健用品、助听器、眼镜、旅游、娱乐等市场需要会迅速增加，这样就给经营老年人用品的行业如旅游业、旅馆业、娱乐业提供了市场机会。

4. 非家庭住户也在迅速增加

非家庭住户通常有以下几种：①单身成年人住户。包括未婚、分居、丧偶、离婚。这种住户需要较小的公寓房间、较小的食品包装和较便宜的家具、日用品、陈设品等。②两人同居者住户。这种住户是暂时同居，需要较便宜的租赁家具和陈设品。③集体住户。若干大学生等住在一起共同生活。在我国，非家庭住户正在迅速增加，企业应注意和考虑这种住户的特殊需要和购买习惯。

5. 许多国家的人口流动性大

许多国家的人口流动都具有两个主要特点：一是人口从农村流向城市。这对零售商业结构影响很大。人口集中在城市使得居民需要和城市市场迅速增长和扩大，于是在城市出现繁华商业街。二是人口从城市流向郊区。随着城市交通日益拥挤，污染日益严重，同时交通运输大大发展，许多人纷纷从城市迁往郊区，在大城市周围出现了郊区住宅区，于是城市商业中心区的零售业为了生存和发展，纷纷在郊区开设分店。

（二）经济环境

企业必须密切注意经济环境方面的动向。进行经济环境分析时，要着重分析以下主要经济因素。

1. 消费者收入的变化

消费者收入包括消费者个人工资、红利、租金、退休金、馈赠等收入。消费者的购买力来自消费者收入，消费者收入是影响社会购买力、市场规模大小以及消费者支出多少和支出模式的一个重要因素。

消费者并不是将全部收入都用来购买商品（包括产品和服务），消费者的购买力只是其收入的一部分，因此，要区别可支配个人收入和可随意支配个人收入。可支配个人收入是指扣除消费者个人缴纳的各种税款和交给政府的非商业性开支后可用于个人消费和储蓄的那部分个人收入。可支配个人收入是影响消费者购买力和消费者支出的决定性因素。可随意支配个人收入是指可支配个人收入减去消费者用于购买生活必需品的固定支出（如房租、保险费、分期付款、抵押贷款）所剩下的那部分个人收入。可随意支配个人收入一般都用来购买奢侈品、汽车、大型器具及度假等，这种消费者个人收入是影响奢侈品、汽车、旅游等商品销售的主要因素。

进行经济环境分析时，还要区别货币收入和实际收入，实际收入会影响实际购买力。企业不仅要分析研究消费者的平均收入，而且要分析研究各个阶层的消费者收入。此外，由于各地区的工资水平、就业情况不同，不同地区消费者的收入水平和增长率也有所不同。

2. 消费者支出模式的变化

消费者支出模式主要受消费者收入的影响。随着消费者收入的变化，消费者支出模式会发生相应的变化，这个问题涉及恩格尔定律。

德国统计学家恩斯特 · 恩格尔于 1857 年根据对英国、法国、德国、比利时许多工人家庭收支预算的调查研究，发现了关于工人家庭收入变化与各方面支出变化之间比例关系的规律性，称为恩格尔定律。后来，恩格尔的追随者们对恩格尔定律的表述加以修改。目前西方经济学对恩格尔定律的表述一般如下：①随着家庭收入增加，用于购买食品的支出占家庭收入的比重（即恩格尔系数）会下降；②随着家庭收入增加，用于住宅建筑和家务经营的支出占家庭收入的比重大体不变（燃料、照明、冷藏等支出占家庭收入的比重会下降）；③随着家庭收入增加，用于其他方面的支出（如服装、交通、娱乐、卫生保健、教育）的支出和储蓄占家庭收入的比重会上升。

消费者支出模式除了主要受消费者收入影响外，还受以下两个因素影响。

（1）家庭生命周期的阶段

有孩子与没有孩子的年轻人的家庭支出情况有所不同。没有孩子的年轻人家庭负担较轻，往往把更多的收入用于购买电冰箱、家具、陈设品等耐用消费品，而有孩子的家庭收支预算会发生变化。十几岁的孩子不仅吃得多，而且爱漂亮，用于娱乐、运动、教育方面的支出也较多，在家庭生命周期的这个阶段，家庭用于购买耐用消费品的支出会减少，而用于购买食品、服装、文娱、教育等方面的支出会增加。等到孩子独立生活以后，父母就有大量的可随意支配收入，有可能把更多的收入用于医疗保健、旅游、购置奢侈品或储蓄，这个阶段的家庭收支预算又会发生变化。

（2）消费者家庭所在地点

所在地点不同的家庭用于住宅建筑、交通、食品等方面的支出情况也有所不同。例如，住在中心城市的消费者和住在农村的消费者相比，前者用于交通方面的支出较少，用于住宅建筑方面的支出较多；后者用于食品方面的支出较多。

3. 消费者储蓄和信贷情况的变化

进行经济环境分析时还应看到，社会购买力、消费者支出不仅直接受消费者收入的影响，而且直接受消费者储蓄和信贷情况的影响。

大多数家庭都有一些流动资产，即货币及其他能迅速变成现款的资产，包括银行储蓄存款、债券、股票等。储蓄来源于消费者的货币收入，其最终目的还是消费，但是在一定时期内储蓄多少不能不影响消费者的购买力和消费支出。在一定时期内货币收入不变的情况下，如果储蓄增加，购买力和消费支出便减少；如果储蓄减少，购买力和消费支出便增加。

在现代市场经济国家，消费者不仅以其货币收入购买所需的商品，而且可用贷款来购买商品。消费者信贷就是消费者凭借信用先取得商品使用权，然后按期归还货款。消费者信贷由来已久，目前主要有四种类型：①短期赊销；②分期付款购买住宅；③分期付款购买昂贵的消费品，如汽车、高档电器、昂贵家具等；④信用卡信贷。

（三）自然环境

自然环境（或物质环境）的发展变化也会给企业造成一些环境威胁和市场机会，因此，企业要分析研究自然环境方面的动向。

值得关注的自然环境方面的主要动向有以下几点。

1. 某些自然资源短缺或即将短缺

地球上三大类自然资源都不同程度存在短缺或趋于短缺。

（1）自然资源

取之不尽、用之不竭的资源，如空气、水等。近几十年来，世界各国尤其是现代化城市用水量增加很快。世界各地水资源分布不均，而且每年和每个季节的情况各不相同，目前世界上许多国家面临缺水。这种情况不仅会影响人民生活，而且对相关企业也是一种环境威胁。

（2）有限资源

有限但可以更新的资源，如森林、粮食等。我国耕地少，而且由于城市和建设事业发展快，耕地迅速减少。由于粮食价格低，农民不愿种粮食，转向种植收益较高的其他农作物，如果这种情况长期发展下去，我国的粮食和其他食物（如猪肉等）供应将会成为严重问题。

（3）不能更新的资源

有限但不能更新的资源，如石油、煤、铀、锡、锌等矿物。近十几年来，由于这类资源供不应求或在一定时期内供不应求，有些需要这类资源的企业正面临着或曾面临过威胁，必须寻找代用品。在这种情况下，就需要研究与开发新的资源和原料，这样又给某些企业创造了新的市场机会。

2. 环境污染日益严重

在许多国家，随着工业化和城市化的发展，环境污染程度日益增加，公众对这个问题越来越关心，纷纷指责环境污染的危害性。这种自然环境动向对那些造成污染的行业和企业是一种环境威胁，它们在社会舆论的压力和政府的干预下，不得不采取措施控制污染。这种动向也给防治污染、保护环境的包装企业及相关产业带来了新的市场机会。

3.政府对自然资源管理的干预日益加强

随着经济发展和科学进步，许多国家的政府都对自然资源管理加强干预。可持续发展就是要促进人与自然的和谐，实现经济发展和人口、资源环境相协调，坚持走生产发展、生活富裕、生态良好的文明发展道路，保证一代接一代地永续发展。中国政府表示，将改变经济增长的方式，改进经济增长的质量，避免资源的过度开发和环境恶化，同时要在促进社会进步方面加大投入，坚持以人为本，坚持全面、协调、可持续的发展观，摒弃GDP（国内生产总值）至上的政策目标。同时，中国一些省市开始提倡"绿色GDP"考核的口号，增加了可持续发展等综合考核因素。"绿色GDP"就是把资源和环境损失因素（在现有的GDP中扣除资源的直接经济损失以及为恢复生态平衡、挽回资源损失而必须支付的经济投资）引入国民经济核算体系。

（四）技术环境

企业要密切注意技术环境的发展变化，了解技术环境和知识经济的发展变化对企业营销管理的影响，以便及时采取适当的对策。

1.新技术是一种"创造性的毁灭力量"

每一种新技术都会给某些企业带来新的市场机会，相应会产生新的行业，同时，还会给某个行业的企业造成环境威胁，使这个旧行业受到冲击甚至被淘汰。例如，激光唱盘技术的出现，无疑将会夺走磁带的市场，给磁带制造商以"毁灭性的打击"，同时带来激光唱盘行业的兴起和发展。如果企业高层富于想象力，及时采用新技术，从旧行业转入新行业，就能求得生存和发展。

2.新技术革命有利于企业改善经营管理

第二次世界大战以后，现代科学技术发展迅速，一场以微电子为中心的新技术革命正在蓬勃兴起。许多企业在经营管理中都使用电脑、传真机等设备，这对于改善企业经营管理，提高经营效益起到很大作用。

3.新技术革命将影响零售商业结构和消费者购物习惯

由于新技术革命迅速发展，出现了电视购物这种在家购物的方式。消费者如果想买东西，可以在家里打开连接各商店的终端机，各种商品的信息就会在电视荧光屏上显示出来。消费者可以通过电话订购电视上所显示的任何商品，然后通过自己的银行存款账户，把货款自动转给有关商店，订购的商品很快就送到消费者的家门口。

4.知识经济带来的机会与挑战

（1）知识经济的含义

知识经济是以知识（特别是科学技术）的发展、发明、研究和创造为基础，以知识的扩散和应用为经济增长的主要动力，是一种知识密集型、智慧型的新经济。在知识经济时代，新兴知识产业日益成为经济发展的主导产业。这种不断创新的知识、智慧与土地、矿藏不同，它不具有唯一性和排他性，作为人类智慧的成果，它可以与其他知识连接、渗透、组合、交融，从而形成新的有用的知识。知识也有"自然磨损"，它的直接效用没有了，但还可以再开发，成为嫁接、培育新知识的"砧木"，成为启发新智慧的火花。

（2）知识经济与现代信息技术革命

新知识的爆炸式增长和知识经济的爆发性扩张，是凭借以数字化、网络化为特征的现代信息技术革命之翼而飞腾的。数字化、网络化通信技术革命与风险投资、现代企业制度相结合，极大地促进了新知识的实际使用，促进了发明创新的物化过程，极大地加速了新知识的商品化、市场化、产业化进程。

（3）知识经济与知识管理

在知识经济时代，企业如果离开了知识管理就不可能有竞争力。知识管理是对企业知识资源进行管理，使每一个员工都最大限度地贡献其积累的知识，实现知识共享的过程。运用集体的智慧提高企业的应变能力和创新能力，使企业能够对市场需求做出快速反应，并利用所掌握的知识资源预测市场需求的发展趋势，开发适销对路的创新产品，更好地满足市场需要。

（五）政治和法律环境

企业营销管理还要受政治和法律环境的强制和影响。政治和法律环境是那些强制和影响社会上各种组织和个人的法律、政府机构和压力集团，这里只着重阐述以下两个方面。

1. 与企业市场营销管理有关的经济立法

企业必须懂得本国和有关国家的法律和法规，才能做好国内和国际市场营销管理工作，否则就会受到法律制裁。近年来，为了健全和加强法制，适应经济体制改革和对外开放的需要，我国陆续制定和颁布了一些经济法律和法规，例如《中华人民共和国产品质量法》《中华人民共和国食品卫生法》《中华人民共和国商标法》《中华人民共和国价格法》《中华人民共和国反不正当竞争法》《中华人民共和国广告法》《中华人民共和国消费者权益保护法》《中华人民共和国专利法》《中华人民共和国中小企业法》等。

2. 公众利益团体发展情况

公众利益团体是一种压力集团。在美国等发达国家，影响企业市场营销决策的公众利益团体主要是保护消费者利益的群众团体以及保护环境的公众利益团体等。这些公众团体疏通政府官员，给企业施加压力，使消费者利益和社会利益等得到保护，因此，这些国家许多公司都设立法律和公共关系部门来负责研究和处理与这些公众利益团体的关系问题。

世界各国都陆续成立了消费者联盟，它们监视企业的活动，发动消费者与企业主的欺骗行为做斗争，给企业施加压力，以保护消费者利益。消费者运动已经成为一种强大的社会力量，企业制定营销决策时必须认真考虑这种政治动向。

（六）社会文化环境

社会文化是指一个社会的民族特征、价值观念、生活方式、风俗习惯、伦理道德、教育水平、语言文字、社会结构等的总和。正如《管子·宙合第十一》所言："乡有俗，国有法，食饮不同味，衣服异采，世用器械，规矩绳准，称量数度，品有所成。"社会文化主要由两部分组成：一是全体社会成员所共有的基本核心文化；二是随时间变化和外界因素影响而容易改变的社会次文化或亚文化。不同国家、不同地区的人民，不同的社会文化，代表着不同的生活方式，对同一产品可能持有不同的态度，直接或间接地影响产品的设计、包装、信息的传递方法、产品被接受的程度、分销和促销措施等。因此，企业在从事市场营销活动时，应重视对社会文化的调查研究，并做出适宜的营销决策。

1. 教育水平

教育水平是指消费者受教育的程度。一个国家、一个地区的教育水平与经济发展水平往往是一致的。不同的文化修养表现出不同的审美观，购买商品的选择原则和方式也不同。一般来讲，教育水平高的地区，消费者对商品的鉴别力高，容易接受广告宣传和新产品，购买的理性程度高。教育水平高低影响着消费者心理、消费结构，影响着企业营销组织策略的选取以及销售推广方式方法的采用。

2. 语言文字

语言文字是人类交流的工具，它是文化的核心组成部分之一。不同国家、不同民族往往有自己独特的语言文字，即使同一国家，也可能有多种不同的语言文字，即使语言文字相同，表达和交流的方式也可能不同。语言文字的不同对企业的营销活动有巨大的影响。一些企业由于其产品名称与产品销售地区的语言含义等相悖，给企业带来巨大损失。企业在开展市场营销时，应尽量了解所在国家的文化背景，掌握其语言文字的差异，这样才能使营销活动顺利进行。

3. 价值观念

价值观念是人们对社会生活中各种事物的态度、评价和看法。不同的文化背景下，人们的价值观念差别很大，而消费者对商品的需求和购买行为深受其价值观念的影响。对于不同的价值观念，企业营销人员应采取不同的策略。对于乐于变化、喜欢猎奇、富有冒险精神、较激进的消费者，应重点强调产品的新颖和奇特；而对一些注重传统、喜欢沿袭传统消费习惯的消费者，企业在制定促销策略时应把产品与目标市场的文化传统联系起来。

4. 审美观

审美观通常指人们对事物的好坏、美丑、善恶的评价。不同的国家、民族、阶层和个人，往往因社会文化背景不同，其审美标准也不尽一致。例如，缅甸的巴洞人以妇女脖子长为美，而非洲的一些民族以文身为美，等等。因审美观的不同而形成的消费差异更是多种多样。例如，中国妇女喜欢把装饰物品佩戴在耳朵、脖子、手指上，而印度妇女喜欢在鼻子、脚踝上配以各种饰物。企业应针对不同的审美观所引起的不同消费需求，开展自己的营销活动，特别要把握不同文化背景下的消费者审美观及其变化趋势，制定有效的市场营销策略以适应市场需求的变化。

5. 风俗习惯

风俗习惯是人们根据自己的生活内容、生活方式和自然环境，在一定的社会物质生产条件下长期形成并世代相袭的风尚以及由于重复、练习而巩固下来并变成需要的行动方式等的总称。风俗习惯在饮食、服饰、居住、婚丧、信仰、节日、人际关系等方面，都表现出独特的心理特征、伦理道德、行为方式和生活习惯。不同的国家、不同的民族有不同的风俗习惯，对消费者的消费偏好、消费模式、消费行为等具有重要的影响。例如，不同的国家、民族对图案、颜色、数字、动植物等都有不同的喜好和不同的使用习惯，像中东地区严禁带六角形的包装，英国忌用大象、山羊做商品装潢图案。企业应了解和注意不同国家、民族的消费习惯和爱好，做到入境问俗。可以说，这是企业做好市场营销尤其是国际营销的重要条件，如果不重视各个国家、各个民族之间文化和风俗习惯的差异，很可能造成难以挽回的损失。

第六章　社群市场营销模式

互联网技术的发展，使得社群媒体对于现代经济的运作模式产生了颠覆性的影响。社群营销，是基于圈子、人脉、六度空间概念而产生的营销模式。通过将有共同兴趣爱好的人聚集在一起，将一个兴趣圈打造成为消费家园。社群营销发展迅速，互联网重归部落化。随着社群互联网生态圈的形成，传统意义上的营销和广告方式的有效性被大大削弱。

第一节　社群的构建与运营

一、社群的内涵

（一）社群的概念

社群是在社区成员之间的关系得到进一步强化的基础上形成的稳定群体。就没有地缘优势的虚拟网络社区而言，如果进化不到社群这个阶段，其生命必定不会长久。一旦社区成员的新鲜感过去，或社区不能带来价值，该社区很快就会成为"死群"，直至解散。因此，相对于社区，社群的着力点在于提供价值，例如某类技术群，定期放送计算机使用技巧、软件教程等，或者是某明星的粉丝群，能够不断地放送一些偶像的"独家私密信息"、照片等，这样才能留住成员。

（二）社群营销的优点

社群营销集宣传、推广、体验于一身，深入消费者内部，有着其他营销方式无法比拟的优势，这主要体现在以下几方面。

1. 氛围好

社群营销由于贴近消费者的生活，很容易引发消费者的共鸣，配合社区内长期的宣传推广、优惠活动等，可以显著提升消费者的购买欲望。在消费者尝试产品后，可以提供优质的售后服务，培养消费者的品牌忠诚度，甚至是培养或改变消费者的消费观念。

2. 针对性强

由于同一社区内的人往往有着相同之处，或者相似的生活习惯、认知和消费意识等，因此社群营销有很强的针对性，可以根据产品和社区内消费者的特点进行集中重点的宣传，使营销更具穿透力和杀伤力。

3. 口碑宣传比例高

社群营销形式直接，消费者能够现场体验，可信度较高，而且消费人群密度高，为口碑扩散提供了有利条件。同时，社区内消费者有着相似的认知，相互之间有较高的信任感，这些都能使口碑宣传的效果更加明显，提高产品的转化率。

4. 培养典型消费者

社群营销的运作范围相对较小，因此可以集中有限的资源和精力向群成员做推荐，做跟踪，了解消费者的使用感受，提高产品的试用率。社群营销直接面向消费者，双方容易建立信任和情感纽带，使消费者成为产品或品牌的"粉丝"，这些消费者能够使产品在社区内的影响力迅速扩大。

5. 投入少，见效快

社群营销由于范围固定，而且主要依托社区内的宣传媒介，因此并不需要很高的资金投入。社群营销能够直接接触消费者，了解到消费者的实际需求，省略了一切中间环节，也不需要苦苦等待消费者前来，往往能够更快地取得成效。

6. 快速掌握反馈信息

社群营销能够近距离、多频次地接触到消费者，因此能够更快、更容易地掌握到消费者对于产品、价格、活动的意见建议，保证了信息的及时性和准确性。企业和商家可以根据消费者的具体需求及时调整产品策略和活动内容，改善营销方案，同时也为社群营销战略提供了可靠的信息支持。

移动互联网时代的社群营销几乎已经是企业推广的标配，它在结合网络的应用过程中也在原有的基础上有了一些新的优势。

二、社群的构建

（一）建立社群的目的

做社群绝对不可以在没有充分思考的情况下就运营，还没有想清楚到底能做什么的时候千万不要着急地去推广，在开始运营后再改变社群基调是一件十分困难的事情。一般来说，建群的常见目的有以下几种。

1. 销售产品

这类社群成立的目的是能够更好地售卖自己的产品。如有一个人通过建群来分享绣花经验，分享完了就可以推销其淘宝小店。这种基于经济目标维护的群反而更有可能生存下去，因为做好群员的口碑，就可以源源不断获得老用户的满意度和追加购买。

2. 拓展人脉

对于职场人士来说，构建和维护一定人脉十分关键，这可能是为了扩展业务关系，也可能是基于兴趣。人脉型社群尤其要明确定位，因为很容易找不到自己的圆心。每个人的需求是不同的，如果做社群找不到圆心，是非常容易失败的。

3. 提供服务

这类社群成立的目的是向群成员提供某种服务。如在线教育要组织大量的学员群进行答疑服务，还可以通过微课在线分享知识；有的企业建立社群搭建与客户之间的连接，以提供一些咨询服务。

4. 聚集兴趣

这类社群成立的目的是聚集有相同兴趣的人。这类社群可以基于各种共同爱好，如读书、学习、跑步、书法、音乐等，这类社群的主要目的是吸引一批人共同维持兴趣，构建一个共同爱好者的小圈子。尤其成长是需要同伴效应的，没有这个同伴圈，很多人就难以坚持，他们需要在一起相互打气、相互激励，很多考研群就是这样的。

5. 树立影响力

利用群的模式如果能快速裂变复制的话，可以借助这种方式更快树立影响力。因为网络缺乏一定的真实接触，这种影响力往往能让新入群的成员相信或夸大群主的能量，形成对群主的某种崇拜，然后群主通过分享干货、激励成员、组织一些有新意的挑战活动鼓励大家认同某种群体身份，最终借助群员的规模和他们的影响力去获得商业回报。

6. 打造品牌

这类社群成立的目的是打造品牌。这类社群旨在和用户建立更紧密的关系，并且并非简单的交易关系，而是实现在交易之外的情感连接。社群的规模大了，传播性就可以增强，对于品牌宣传就能起到积极作用。

但需要注意的是，并不是所有品牌都适合通过建立社群的方式提升与用户的关联度，也就是说并不是所有品牌都容易和用户建立产品之外的情感连接，这决定于品牌品类以及沉淀。如消费者不会觉得用一个洗手液就代表什么生活方式，因为其功能性太强；而如手机，作为有潮流度、时尚度、高频度的产品，用户对手机的关注度极高，可以讨论的话题较多，那么，社群就可以快速建立。还有一些并没有在消费者群体中建立起口碑的品牌，也就是说这些品牌并没有品牌沉淀，构建社群是比较困难的。

（二）社群的成员结构

1. 创建者

创建者，顾名思义，就是指创建社群的人。作为社群的创建者，通常会具有一些特质，如很强的专业能力、吸引人的人格魅力等。除此之外，他还要具备一定的威信，能够吸引一批人加入社群，还能对社群的定位、壮大、持续、未来成长等都有长远而且正确的考虑。比如秋叶老师正是由于其在 PPT 领域的影响力才聚集了其核心群的成员，后来一起做课程、建学员群也都是按照他的规划一步步实施的。

2. 管理者

管理者的职责就是科学地管理社群。作为社群的管理者，需要具备良好的自我管理能力，要在群众中起到模范作用，率先遵守群规；有责任心和耐心，恪守群管职责；遇事从容淡定，顾全大局，团结友爱，决策果断；要赏罚分明，能够针对成员的行为进行评估并运用平台工具实施不同的奖惩。

相较线下管理，社群管理并不轻松，在一些环节上反而需要花费更多的时间和精力。管理的道理其实是相通的，线上还会经常遇到一些新的情况、新的问题，这就要考验社群管理者的随机应变能力。管理者还要能挖掘与培养核心社群成员，组建一个核心管理团队，遇到困难，想到一些主意，可以先放到核心群进行头脑风暴，各种天马行空的主意就像火花一样碰撞，然后再推广到普通群解决实施。

3. 参与者

社群的参与者并不一定要步调一致，参与者可以是多元化的，多元连接才能更大程度上提升社群的活跃度，从而提升参与度，建立一个生命力持久的社群，需要每一位成员的深度参与。在参与者中，建议分成三个维度，分别是高势能、中势能和普通势能。

4. 开拓者

人是社群的主体、核心和资源，必须充分发挥资源，也就是人的作用，才能真正发挥出社群的潜力。所以开拓者要能够深挖社群的潜能，在不同的平台对社群进行宣传与扩散，尤其要能在加入不同的社群后促成各种合作。因此，要求开拓者具备懂连接、善交流、能谈判的特质。

5. 分化者

分化者的学习能力都很强，他们能够深刻理解社群文化，参与过社群的构建，熟悉所有细节。分化者是未来大规模社群复制时的超级种子用户，是复制社群规模的基础。

6. 合作者

社群实现持续发展的一个途径就是拓展合作者，这样可以更好地进行资源互换，不同社群间相互分享，通过跨界合作的方式也可以给双方带来好处，可以提升社群的活跃度，可以共同提升影响力，延长生命周期。在这一过程中，要求社群的合作者认同社群理念，同时具备比较匹配的资源。

7. 付费者

社群的运营与维护是需要成本的，不论是时间还是物质资料，都可以看作成本的消耗。所以社群的运作离不开付费者的支持。付费的原因可以是基于某种原因的赞助、购买相关产品、社群协作的产出等。

（三）构建社群的五大要素

构建社群必然需要重视一些必要要素，为了更直观地认识和评估一个社群，从社群运营的实践过程中我们可以总结出构成完整社群的五个要素，分别为同好、结构、输出、运营和复制。

1. 同好

同好是构成社群的第一要素，只有存在同好才可能形成社群。同好是对某种事物的共同认可或行为。一群人聚集起来可能是乌合之众，也可能成就一番雄图大业，最重要的是和什么人一起干什么。任何事物，没有价值就没有存在的必要，社群也是这样。可以使同类聚集在一起的原因有很多。基于某种产品，比如小米手机、锤子手机、苹果手机；基于某种行为，比如爱旅游的驴友群、爱阅读的读书交流会；基于某种标签，比如星座群、某明星的粉丝群；基于某种空间，比如某生活小区的业主群；基于某种情感，比如班级群、老乡会校友群；等等。由此可以看出，人们集聚的原因有很多。

2. 结构

结构对社群的存活有决定作用。只有对社群结构做出有效规划，才能保证一个社群的长期存在并保持一定的活跃度，这个结构包括组成成员、交流平台、加入原则、管理规范。这四个组成结构做得越好，社群活得越长。

（1）组成成员

发现、号召起同好抱团形成环形结构或者金字塔结构。最初的一批成员会对以后的社群产生巨大影响。

（2）交流平台

找到人之后，要有一个聚集地作为日常交流的大本营，目前常见的有 QQ、微信等。

（3）加入原则

有了元老成员，也建好了平台，慢慢会有更多的人慕名而来，那么就得设立一定的筛选机制作为门槛，一来会让加入者由于加入不易而格外珍惜这个社群，二来也可以保证进群人的质量。

（4）管理规范

人越来越多，就必须有管理，不然大量的小程序、广告与灌水会让很多人选择屏蔽。所以，一要设立管理员，二要不断完善群规。

3. 输出

输出是构建社群的要素，它决定了社群的价值。保持社群生命力的一个重要指标就是保持有价值内容的持续输出。

在一个社群刚刚成立的时候，通常都会有一定的活跃度，但是如果不能实现有价值内容的持续输出，活跃度就会逐渐下降，慢慢地就沦为广告群或者隐形群。没有足够价值的社群迟早会成为"鸡肋"，群员和群主就会选择退群或者解散群。也有一些人会再去加入一个新的"好"群或选择创建一个新群。还有一种情况是群员并不退群，继续留在这个群里，他会看一看这个群能不能给他带来价值，如果观察一段时间以后，发现这个群完全不能给他带来想要的东西，他就会在里面捣乱，因为他已经不在乎会不会被踢出这个群，发些广告也许还能拿回一点沉没的时间成本。因此，想要构建高质量社群就必须为群成员提供稳定的服务输出，也就是要为成员加入和留在社群提供一定的价值。

4. 运营

运营是决定社群寿命的关键性构成要素。只有科学有效的运营管理才能保证社群有比较长的生命周期，通常来说，运营要建立"四感"。

（1）仪式感

比如，加入要通过申请、入群要接受群规、行为要接受奖惩等，以此保证社群规范。

（2）参与感

比如，通过有组织的讨论、分享等，以此保证群内有话说、有事做、有收获的社群质量。

（3）组织感

比如，通过对某主题事物的分工、协作、执行等，以此保证社群战斗力。

（4）归属感

比如，通过线上线下的互助、活动等，以此保证社群凝聚力。

一个社群通过科学运营，切实打造社群的"四感"，从而加强了社群的凝聚力和战斗力，当然会有效地延长社群的生命周期。

5. 复制

复制是决定社群规模的要素。由于社群的核心是价值认同和情感归宿，那么社群越大，情感分裂的可能性就越大，能够做到规模巨大还能情感趋同。对于社群的"复制"要素，需要思考两个重要问题。

（1）判断是否需要通过复制扩大社群规模

对于社群存在一个常见性误区，认为没有几万人的社群并不能称为社群。其实，经过前面四个维度考验的群，完全可以称为社群了，小而美也是一种存在方式，而且大多活得比较久。在构建社群时应该思考一下，如果进入一个人数规模庞大的社群，是不是会屏蔽消息，因为遴选信息的成本高，人员相互认知成本高。与此相反，小圈子里，人员较少，大家相对话题集中，所以小圈子里人人都容易活跃起来。从 QQ 群、微信群等社群的大数据中发现，90% 的用户在不足 20 个人的小群里活跃。人人都想组建人多的大社群，但是许多大社群却非常不活跃，人人都在小圈子里活跃。因此，要以社群的成长阶段作为基础，思考是否要通过复制实现社群规模的扩大，每个社群都有一定的成长周期，应该根据阶段不同而控制扩大节奏。

（2）判断是否有能力维护大规模的社群

通过复制扩大社群规模是一件需要经过深思熟虑才能决定的事情，急于扩大规模却没有考虑自身的实际能力，反而会造成不好的结果。扩大规模时必须充分考虑社群的综合人力、精力、物力、财力等，之后再做出扩大与否的决定。

三、社群活跃度的维持方法

（一）充分发挥社群的领袖作用

保持社群活跃度的一个重要核心是社群领袖，社群领袖一般具有极强的煽动力，具有活跃组内成员参与社群的作用。对于企业和商家，最关键的就是如何能够有效动员社群领袖为自己服务。当然，作为信息的发起者和源头，企业和商家要掌握发动社群领袖的基本原则——明确传递信息、坚定立场、反复强调以及进行传染性传播。在数字化社群中，我们接触的信息实在是太多了。将某一信息植入大脑中是非常不容易的，而要想实现这一目标，传播的信息就必须做到简单而有力量。

对于商家而言，抱着尝试的态度往往会引起不好的结果，必须在信息输出前明确输出的核心内容；但是也不能过于复杂，当前人们的生活节奏都很快，并没有时间听你长篇大论，一定要抓准最重要的输出核心，点到为止。

（二）确定好的社群主题

主题的设定会直接影响社群的活跃度，它是群体成员进行互动的共同指向。主题通常可以划分为普遍性主题和小众主题。好的主题首先要考虑社群成员的需求；其次则是提出者对该主题的熟悉程度。主题本身没有优劣好坏之分，它的评判标准在于是否能够激发社群成员的参与热情，提高活跃度。抛出问题、活动策划都有可能成为好主题。由于参与成本低、问题针对性强、反应效率高，通常是蜕变为好主题的最佳材料。例如，知乎每周都会发布本周知乎热词，还会发布年度最热话题。

（三）增加社群的专业分享

专业分享，是社群信息的有效更新。在社群里，信息可以没有很多，但如果每天推送即时有效信息，该社群的生命力就不会弱。例如，《罗辑思维》的"罗胖"坚持每天一分钟语音信息，"死磕自己，愉悦大家"，获得了大量粉丝。

输入和输出是社群的必要构成要素，其中输入决定了社群输出的质量和成效。只有优质的输入才能给社群带来有效的输出，两者才可能形成互补的闭环结构，维持社群的生命力。专业分享本身类似于闭环结构，它既属于输入，也属于输出。对于社群管理者来说，专业分享是为了诱导社群成员输入各自的知识和见解；对于社群成员来说，专业分享是切磋、交流，是在学习了社群分享的专业知识后一起讨论、共同进步的输出。无论专业分享由何方发出，都会对双方产生巨大影响。

第二节　社群运营团队建设

一、科学合理地扩大运营团队

（一）对形势进行正确的判断

1. 行业趋势

随着社区的成长，必然需要企业壮大自己的小运营团队，而这需要通过理性判断，看清当前形势。这就要求企业充分掌握以下问题：①判断自身的成长阶段，是处于成长期、壮年期还是夕阳期。②如果是成长期，需要考虑迎接风口需要哪些准备？这个风口是不是一定会到来？如果到来，团队该怎么运营？如果长时间不到来，团队该怎么运营？③如果是壮年期，存在红利，那红利周期大概会是多久？自己是否可以抓住红利？可以利用的资源有哪些？如果抓住困难，那团队要做哪些努力才能追上？④如果是夕阳期，寿命大概有多久？能否转型？如果需要转型，该做哪些准备？

当然，除了以上问题外，企业还需要综合其他情况，而判断自身的成长阶段，选择合适策略是扩大团队的基础。

2. 竞争对手

企业在壮大自身的社群营销团队时，要时刻关注竞争对手的动向，具体包括以下几个方面：①确定自己的实际主要竞争对手有多少有哪些以及自己的潜在竞争对手有多少有哪些；②了解自己的主要竞争对手的情况，与自己相比是处于强势还是弱势，要对其进行具体分析；③掌握竞争对手的优势和劣势，并弄清可以学习借鉴甚至复制创新的部分；④预测竞争对手的未来发展方向，判断其与自身发展方向是否一致。

3. 核心能力

企业必须明确自身的核心竞争力，还要判断自己能否凭借核心竞争力占据市场并迅速发展起来。

（二）学会适当放权

对于运营团队管理来说，放权是一件十分重要的事情，但是一些管理者即使知道如此却不懂放权，主要原因有以下三点：①本能厌恶。人本能对风险的厌恶。放权后，可能因为其他人办事不妥当，反而惹出更多事让你善后，甚至错过机会或者降低效率。那么，很多人就不想冒这个风险，也担不起这个机会成本。②替代成本。有些关键职能短期内换人无法替代，有些关键性的职能岗位，替代成本高，短期内也很难找到高度匹配的人。③没有章法。也就是不知道哪些能放权和该怎么放权。

随着团队的壮大，需要处理的问题也会随之增多，管理者会越来越觉得力不从心，而这就要求管理者必须学会正确地放权。权力越大，需要处理的事情越多，而管理者的时间却是恒定的，要求也就越高。抓大放小、学会放权是管理者进化路上的必修课。因此，要从小权开始放，逐步增强群员的办事能力。对于正确授权，需要注意以下几个方面。

1. 明确授权对象

在准备授权时，首先要确定给什么样的人授权，根据对象相关的时、事、地、因等条件的不同采取相应的方法、范围、权限大小等。在社群运营的过程中，事物都有不同的"合适"的人，未必就是最"资深"的那个人。为一个任务选择一个合适的人，要比改造一个原本就选错的人容易得多。因为所指定的被授权人，如果经验多但对于该项任务不擅长或意愿不高，未必就会比经验尚浅但有心学习而跃跃欲试的人适合。

2. 确定授权内容

团队管理者需要明确需要授权的内容。从实际运营工作中衡量，只要是分散核心成员精力的事务工作以及因人因事而产生的机动权力都可以考虑下授。即当社群核心成员列出每天自己要花时间做的事，根据"不可取代性"以及"重要性"，删去"非自己做不可"的事项，剩下的就是"可授权事项清单"了。

3. 不能重复授权

管理者在授权时，必须保证内容的明确具体，重复授权、内容模糊都是不可取的。例如，派给 A 一个关于社群调查的任务，随后又把同样的任务交给了 B，这样就造成 A、B 之间的猜疑，各自怀疑自己的能力不行，于是积极性也因此下降。

有时候可能在无意间发生重复授权，因为社群运营并不像企业那样层层严格，有时难免是在口头上的授权，但团队成员就会在语义不明确的情况下，都以为这是交给自己的任务，于是就会出现双头马车的现象，造成团队资源的浪费，甚至引起核心成员之间的不团结，所以一定要注意。

4. 授权时要对对方保持信任

既然决定授权，管理者就必须对被授权人有足够的信任，这样才会使被授权者充满信心，不会使团队成员丧失动力。缺乏信任，往往会降低工作效率，甚至产生反抗、厌烦等不良的抵触情绪。正所谓"用人不疑，疑人不用"，信任具有强大的激励效应，能够比较好地满足团队成员内心的热情，因信任而自信，工作积极性骤增。

5. 授权和授责同时进行

运营团队管理者，需要将权力和责任一起授权给执行人。如果只有权力而没有责任，可能会出现滥用权力的现象，增加社群团队管理的难度。而如果只有责任而没有权力，则不利于激发工作热情，即使处理职责范围内的问题也须不断请示，这势必造成压抑情绪。

6.有控制和反馈

授权不是不加监控地授权，在授权的同时应附以一些适当的控制与反馈措施，掌握进展信息，选择积极的反馈方式，对偏离目标的行为要及时进行引导和纠正，这样才能使授权发挥更大的作用。

（三）重视成本和营收

必须重视营收，即使一个社群并没有商业化运营也是如此。对于公益性社群来说，同样需要考虑持续的现金流营收，长期依靠非持续性的赞助或者志愿者贴补很难坚持下去。如果一个社群开始商业化地运营，就更应该重视营收状况了。发展得越好，越想做大做强，资金需求的缺口可能性就越大。

二、留住团队的优秀人才

（一）社群核心团队成员流失的主要因素

每个社群都有自己的核心成员，他们是社群的管理者和运营者。核心成员熟悉社群的流程和制度，是社群运营日常工作的参与者，维系社群的正常运转，他们的参与程度高，对社群的归属感、成就感会比普通成员更强，对社群贡献大，他们的存在是社群良性发展的重要条件。但核心团队成员离开社群仍然会贯穿社群发展的整个时期。核心团队成员出走有以下几大常见的原因。

1.缺乏认同感

当前有很多社群成立之初并不是以公司的形式运营，这就导致它们面临经费有限甚至没有经费运营的情况，通常会采用志愿者模式或兼职打赏模式，核心团队成员付出和收获比例落差大。社群管理者如果没有科学合理地管理社群，没有找准社群定位和发展方向，一味地让人埋头干活，既没有让他们在社群中得到应有的回报，也没有重视他们在社群中的价值，当出现了其他的发展平台，同样的时间，同样的精力，他们预期自己会有更大的回报，那么离开也是意料之中的事了。

2.工作量过大

当一个社群刚形成时，各种机制并不健全，这个从 0 到 1 的建设过程需要社群核心成员投入大量的时间和精力，也就是说会给他们带来较大的工作负担。当社群形成规模后，机构庞大，沟通变得更为复杂，各方的合作和事务的数量也会跟着增加。如果没有合理的平衡，高强度的工作会影响到核心团队成员的日常生活，引发核心团队成员的不满，很容易造成人员流失。

3.心理逃离

社群中有一部分人在社群发展初期势头很足，能够挑起社群中的大任，但是在社群发展的过程中，有时会失去后劲，没有跟上社群发展的脚步，无法在社群中继续找到自己的位置。核心成员如果对自己的期望很高，社群对他们的期待也很高，那么自己的发展停滞很可能导致他们出现一定的心理落差，就会开始对自己的能力产生怀疑，开始质疑自己，对无法再回馈社群而产生逃避，会加速他们离开社群的步伐。

4. 存在外界诱惑

经过社群发展活跃期后，整个社群的活力下降，用户黏性变弱，平台开始走下坡路，核心团队成员看不到社群的未来，觉得继续留着也无力回天，只能另寻出路。或者社群自身力量过于弱小，遇到有其他更有资源的社群来挖墙脚，就直接另谋高就，离开原有的社群。

5. 缺乏凝聚力

人是社群的主体，社群是由不同的个体组成的，某一领域或不同领域的出色人才聚合在一起就会产生化学反应。如果团队缺乏凝聚力，而是存在不停的争论，那么团队便不是团队，而只是一盘散沙。工作氛围差，彼此不理解、不沟通、不包容，会耗尽核心团队成员的精力和时间，还有继续留在社群的耐心。

（二）留住社群核心成员的方法

一个社群如果在运营流程建设、内部沟通文化、团队组织分工、运营绩效评定、商业收益转化几个维度做好工作，社群核心成员有畅快的工作心情、有默契的工作氛围、有合理的工作回报、有可控的投入时间，那么愿意坚持下来的概率就大大增加。因此，在社群在运营过程中，应该重点关注以下工作。

1. 不断完善社群运营流程

实现工作的标准化，这样可以使核心成员花费更少的时间和精力在一些运营琐事上，提升运营效率。例如，秋叶PPT团队，一直强化社群核心成员工作事务的标准化，一开始，课程开发、内容运营、产品推广和客户服务都集中在两个人身上，随着社群规模成1倍增加，就需要细致总结一些工作的方法，变成可以标准化操作的流程，这样就可以把一些非核心业务外包给社群成员完成，这样既可以解放核心成员的精力，也可以控制运营工作的质量，这个运营标准化梳理工作会一直伴随着社群的扩大而不断持续进化。

2. 追求小而精的运营规模

对于管理而言，最重要的是将正确的人放在正确的位置，实现管理人员的合理分工，尽量让成员做自己擅长的事情，对于社群运营来说也是如此。但要特别注意的是，社群核心成员并不需要扎堆在一起，都在一个群或加入全部在线聊天群，这样会给核心群员极大的信息过载负担，容易引起疲劳，所以更提倡"核心群＋多讨论组"运营模式。

如秋叶PPT团队的一些成员对专业课程内容相关的问题上更感兴趣，那么就不让他们参与社群日常运营工作，甚至可以让这些成员不加群，以此减少弹窗消息对其造成的负担，但是会另外建立讨论组讨论有关的工作，会在线下活动时邀请其一起聚会，加深彼此之间的感情。

3. 设置有弹性的组织架构

目前有很多社群的核心团队成员是以兼职或志愿者的形式参与社群运营工作的，当这些成员面临较大的学习或本职工作压力时就只能选择退出运营团队。如果采用弹性的组织架构，本职工作忙的时候就在社群组织架构的休息区，不忙的时候就在组织架构的高速运转区，这样就能让成员有一个回旋的余地，而不是一忙起来就只能选择离开。

例如，BetterMe 大本营社群就建立了有弹性的组织架构，整体上可以分为三个部分，即 CPU、咖啡厅、实习区。一般核心成员都在 CPU 里，但是如果核心成员在现实生活中有段时间特别忙，就可以申请到咖啡厅休息一段时间，等忙过了这一阵再申请调回 CPU，这样既保证了社群持续有节奏地运转，也让暂时没时间投入社群工作的核心团队成员能有退路。

4. 建立紧密的情感联系

社群核心团队成员经常在一起，彼此熟悉后知道对方的生日，鼓励大家互相通过网络祝福、发红包等方式，逐步建立社群核心成员的情感联系。另外，当社群核心成员遇到困难时，要及时发现，私下沟通，发动社群资源帮助其解决困难，有些事情你一个人面对是困境，但是一群人和你一起面对就有很多新的解决办法了。

如在秋叶 PPT 团队中，如果有核心社群成员在毕业求职上遇到困难，那么秋叶老师就会尽量为他们寻找内推机会，为他们联系可能的企业，或者在企业咨询社群成员能力时提供详细的推荐，所有的情感连接都建立在关注对方真正的关切点之上。

5. 及时清理团队成员

管理者必须给予社群核心成员足够的信任和尊重，只有这样才能真正调动核心人员发挥自己的主观能动性，增强在社群的参与感。但是对于加入社群后开始表现积极，但是并没有真正认同社群核心价值观的人，或者加入社群更多是为谋取个人名利，满足个人需求的人，要及时清理，因为留下一个不同频的人，就是在伤害大部分志同道合的人，及时清理不同频的人，把内部矛盾从源头上肃清，使社群保持一致的价值观，反而能提高团队的含金量。

但是一些成员被清理出群后，会因为自身的负面情绪而在外面散布一些谣言，以自己曾经是社群内部人员的身份发布一些不实信息，这可能会一时迷惑一些旁观者，但无伤大雅。因为总的来看，这样的谣言的存在反而会刺激社群内部核心成员的凝聚力，把工作做得更好，核心团队要用好的工作进行反击，而不是用言论去回击情绪。

6. 构建科学的回报机制

核心成员作为社群的一员，希望从社团中寻求一定回报，因此要为社群的核心成员制订一个清晰的未来发展规划，让他们不断有机会去学习，进行自我提升，能让其获得技能、专业知识和管理能力等方面的提升。

社群成立初期，需要通过提高成就感的方式留住核心成员，精神上的回报要高于物质回报，要让核心人员觉得自己的存在是有必要的，他所做的事情是有价值的，而且在组织里能够找到自己的定位，产生归属感。社团运营比较成熟后，核心成员开始深度参与社群运营，他们会见证社群的成长，这时候社群对于他们来说就不仅是一个平台，更像是互相陪伴的朋友和自己完成的作品。只要建立了深厚感情，就不会轻易割舍，他们对社群会付出情感。

7.提升社群的品牌影响力

想要获得持续发展，社群就必须创设并不断提升自身平台的品牌影响力，这样会自然而然地留住社群的核心成员，因为离开该平台反而会使他们失去一些发展的机会。努力运营好社群，不断让社群可以连接更高能量的资源和平台，反而能让核心团队成员慎重考虑自己每一次的决定，从而保持社群健康发展的节奏。成长的团队会使成员更想留下，在一个成长的团队中，成员也会不断成长。一些社群中会集聚一大群人才，每个人都各有所长，每个人每天都在逐渐变强大，连在里面潜水都能学到很多东西，核心成员就会很珍惜留在里面的机会。

第三节　社群营销的实现途径

一、社群营销的注意事项

（一）制订整体性规划

社群营销相对来说是一个具有完整性的系统，从前期进行的市场调查、产品选择，到中期的具体方案策划、活动开展，再到后期的跟踪反馈、修正改善，所进行的每一步都需要企业或商家提前进行一个全面、系统的规划。如果毫无计划性，那么社群营销就很难取得好的效果。

（二）做到持之以恒

通常来看，许多企业和商家在做社群营销时总是过于急功近利，迫切追求达到一种轰动效应，希望能够"一口吃成个大胖子"。虽然社群营销在快速启动局部市场方面的确具备一定的优势，但是这并不意味着仅仅通过举办一次活动，书写几篇引流的文案，做几天的推广就一定能够取得较为显著的成效。

其实，进行社群营销的门槛是相对较低的，但是，由于它的营销手法简单直接，所以从一定程度上来说，很容易被竞争对手模仿跟进。如果只是将社群营销作为一种短期行为，"打一枪换一个地方"，没能坚持到培养起消费者的品牌忠诚度前就放弃，市场就会很快被竞争对手侵蚀，最终前功尽弃。

（三）明确社群营销推广的目的性

在正式开展社群营销之前，必须先建立一个非常明确的目标，确定开展这次活动的具体目的仅仅是做宣传推广，使知名度得到一定的提高，还是要使销售额得到一个直接的提升，或者是两者兼顾。这些都是要提前进行设想和明确规划的。只有对最终的目的性进行明确，才能合理制订相关具有针对性的活动方案，让活动的计划执行顺利，让活动的执行过程变得"有的放矢"，使社群营销的效果最大化。

（四）明确产品及企业的特性

通常而言，有些产品在做社群营销时能够取得立竿见影的效果，销量飞速地提升，而有些产品却看的人多买的人少，销量停滞不前。之所以能够造成这种差别，可能不是营销活动的优劣或者组织人员的能力水平，而归根结底是产品的特性所决定的。

所以，根据产品自身具有的特性，企业和商家在进行社群营销时，需要做出全面的判断，不能仅从现场销量就判断活动的有效性，还要结合产品的特性。销量，并不代表活动方案完美无缺，销量，也不代表活动完全没有效果。

（五）切忌单打独斗

互联网时代，跨界已经不再是一个崭新的名词。所以，企业在进行开展具体的社群营销时，也要有确切的跨界思维。那些认为只要建立一个类型的社群，然后笼络住这部分用户，就可以获得社群营销成果的人想法过于简单。

对于企业而言，只依赖一个大社群，难获得长期的营销成果，因为在这个多元化的互联网世界中，社群也应该是多元化的。虽然互联网社群是以价值观聚合而成的，但是社群与社群之间并非一种封闭性的存在，而是一个相互融合的状态。

因此，如果一个企业不进行跨界合作，不懂得社群之间的相互通融，仅仅靠单打独斗是很难长久生存下去的。企业不仅要注重社群之间的相互融合，与不同社群之间的合作也是必要的。

二、社群营销的具体步骤

（一）定位

1.目标客户定位

社群营销需要做好目标客户的定位，这需要进行一一分析。并不是从每一个客户那里都能够赚钱，仔细分析目前的客户，可以发现很多客户是不赚钱的，而且还会伴随一定的麻烦，所以第一个关键就是要选对有购买力、有消费需求的客户，定制好客户标准。

2. 主打产品定位

很多公司都希望把自己的每一个产品推广到极致，但是，处于移动互联网的时代，这种做法只会加速失败的进程。一个主要的原因在于目前很多产品存在同质化过于严重的问题，消费者不知道我们的产品究竟具有什么特色。

这就需要针对一个产品进行主推，把这个主推产品打造到一种极致，做到让用户刮目相看。传统的大而全的产品推广方式已经难以适应当下的情形，就像诺基亚的手机型号非常多，但是最终被苹果公司的一款机型打败了。

（二）运营

1. 学会先付出

进行社群运营，就要学会先付出。任何一个人决定购买产品的时候，都只是一个具体的行为，而在行为背后一定是有一个情感做具体支撑的，我们需要找到这个具体的支撑点，围绕这个支撑点找到一种我们可以为顾客免费提供服务的机会，通过免费降低顾客与我们接触的成本，进一步提高我们与顾客之间的信任度，增进与顾客之间紧密的联系，这样一来，就不再是一种传统的生硬销售。

2. 互动

传统的销售过于单一，没有贴心的服务，这样只会让顾客感觉自己和企业之间的距离很遥远，不够贴心，而造成这个情况的主要原因是没有正确的沟通方式，但是移动互联网时代下，手机、微信、QQ、微博等可以让我们直接面对终端客户，不断听取来自他们的意见，让顾客感觉到企业不再离自己很遥远。

（三）推广

进行推广的时候要找到适合自己的推广渠道。"社群营销"最终要的就是通过社交媒体进行具体的营销。目前，通常的社交媒体就是微信、微博、QQ等。这些渠道每一种都有自己的特点。通常来讲，我们就是通过这些渠道不断分享对目标客户有帮助的知识加上频繁的互动，不断加强我们与目标客户的联系，了解客户的实际需求，最终实现销售。

三、社群营销的方法

（一）意见领袖是基本动力

社群不同于粉丝经济过度地依赖个人，但是它依旧需要一个意见领袖对其进行相关引导，而且这个领袖不能随便找人充当，必须是某一领域的专家或者权威人士，这样才能进一步推动社群成员之间的互动、交流，进而树立起社群成员对企业的信任感，从而传递有用的价值。

（二）优质的产品是关键

无论是处在工业时代，还是在移动互联网的时代，产品都是销售的一个核心所在。如今，企业做社群营销的关键依旧是围绕产品进行，如果没有一个有创意、有卖点的产品，那么再好的营销策略也不能让产品得到消费者的青睐。

（三）提供优质的服务

企业通过进行社群营销，可以在一定程度上提供实体产品或某种具体的服务，从而满足社群个体的具体需求。提供服务是社群中一种最普遍的行为，比如得到某种服务、进入某个群得到某位专家提供的咨询服务、招收会员等，能够吸引不少人群的注意力。

（四）选对开展方式

社群营销的开展方式并不是单一的，而是多种多样的。比如，企业自己通过建立社群，做好线上、线下的交流活动；与目标客户进行合作，支持或赞助社群进行活动；与部分社群领袖合作开展一些相关的活动。

总之，企业必须在开展社群营销方面多下功夫，才能达到良好的社群营销效果。

（五）宣传到位

一旦具有好的产品，接下来就要看企业以什么样的方式来展现出来，这显得尤为重要。在移动互联网时代，社群营销可谓是一种再好不过的选择了，这种社群成员之间的口碑传播，就像一条锁链一样，环环相套，有着较强的信任感，比较容易扩散且能量巨大。只要社群的宣传有成效，会给企业带来可观的利润收益。

四、社群营销常用的营销技巧

（一）情感营销

情感营销，主要指将消费者个人的情感差异和需求作为营销的具体核心，通过情感广告、情感口碑、情感包装、情感促销、情感设计等策略进行营销，从而激起消费者的情感需求，进一步诱导消费者心灵上的共鸣，寓情感于营销之中，最终实现企业的经营目标。

采用情感营销之所以有效，首先是因为对于消费者而言，很多时候，消费者购买商品时所看重的并不是数量多少、质量好坏以及价钱高低，而是为了得到一种心理上的认同和感情上的满足；其次，则是因为相比于不断以各种说服教育、比较强硬地催促用户购买产品来说，情感营销是用更加温柔的情感、更加细腻的言语，使用户主动要求购买产品。

此外，通过情感营销，获得的消费用户，往往都是有效的用户，甚至可能是铁杆粉丝，这些用户一般与社群的黏性比较强，更容易产生反复购买的行为，因此，在提高消费量方面更加有效。要想使情感营销能够成功进行，就需要用户对于社群的价值观有明确的认可，或者迎合一部分用户的价值观，如文化、个性化、品位、笑点、痛点等，具体如下。

1. 文化

用情感进行营销就需要适当地借助文化，而文化主要源于情感。随着消费观念的不断变化和消费水平的逐步提高，人们购买商品不单为了满足生活的基本需求，还需要获得精神上的享受，对产品的需要不仅停留在功能多、结实耐用上，更需求消费的档次和品位，要求产品能给人以美感和遐想，即"文化味"要浓，最好能融实用、装饰、情感、艺术、欣赏为一体。这就进一步要求商品应该拥有精神内涵和文化底蕴，归根结底就是要求商品要有一定的情感因素在其中，从而进一步刺激消费者的购买欲望。

例如，杜康酒因为"杜康"而闻名。杜康相传是黄帝的一位大臣，因为善于酿酒，号称"酒祖"。杜康的大名对于中国用户来说，相对比较容易形成品牌效应，信任杜康酒，甚至认为杜康酒应该会"名不虚传"。并且，杜康所带来的丰饶的文化底蕴，也具有十分丰富的宣传价值。

2. 个性化

一件产品有时候除了能够给人们提供一种物质利益，还能充分满足心理需求的精神利益。精神利益可以使消费者找到感情的寄托、心灵的归宿，用当代人最流行的一句话来说，可以叫作"花钱买感觉"。对于以80后、90后为主流的消费者群体来说，个性化往往是一个重要的消费因素，人们更多时候会因为彰显个性而去消费。

例如，万宝路就曾以美国西部牛仔作为其个性的表现形象，以充满原始西部风情的画面衬托着矫健的奔马、粗犷的牛仔，充分地突出了男子汉放荡不羁、坚韧不拔的性格而尽显硬汉本色。其中，正好反映了人们一种厌倦紧张忙碌、枯燥乏味的都市生活，希望能达到对世俗尘嚣的某种排遣和解脱，怀念并试图获取那种无拘无束、自由自在的情感补偿。

3. 时尚和浪漫

时尚与浪漫这两者永远不缺少追随者。例如，当人们走进肯德基、麦当劳的时候，也许觉得它本身的味道并不怎么样，或者价格太贵，但是即便如此也没有拒绝肯德基、麦当劳。那是因为，肯德基和麦当劳作为一种时髦的消费地点，使人们从中得到的更多的是来自心理上的满足。

无论是哪个时代，都会有一部分人站在时尚的最前列，引领时尚的风向标，并且他们自身具有很强的感染力和传播力。这部分人利用对于文化及社会风俗的新潮流具有敏锐的感知能力和接受能力，吸引追求时尚的人跟随其中，从而形成一种消费潮流。

4. 品位和艺术

一般而言，品位和艺术总会意味着具体的格调与阶级。知乎曾有一个想要成为贵族的必备条件的问题，一位知乎网友给出的答案比较好：在一代又一代高品质的生活中产生的一种高品位和艺术敏感度，往往是贵族的必备条件之一。用户在进一步消费产品的时候，有时往往不只是产品本身，还在于其所具有的一种品位、情调和艺术性，这些看似无形，但在有些情况下，很可能就是一种无价之宝。

如瑞典"纯粹伏特加"最初曾因价格过于昂贵、造型非常丑陋、斟酒费劲、没有品位等引起美国消费者的强烈反感，销路不是很顺畅。后来，经过商家在品位上大做文章，从感性上寻求一定的突破，不惜重金聘请了优秀的摄影师、画家在酒瓶上制作了一幅富有感染力、诱惑力和审美价值的艺术广告，通过质朴的画面、精湛的艺术，塑造了一个自信、神秘、高雅、智慧的品牌形象，赋予消费者一种自信、自如、高雅的感觉。这样不仅使该酒的品位和艺术形象得到了有效提高，还使之成为美国消费者借以显示身份和地位的一种名酒，在很大程度上满足了那些追求品位的消费者的情感需求。

5. 人性化

收获人心才是最好的营销方式。情感营销以人性化的方式展开，就是指紧贴用户的日常需求，充分满足或者便利用户的生活需要，让用户即使身处寒风凛冽的冬天，也会觉得暖意洋洋。

例如，伊利与网易合作推出了"热杯牛奶，温暖你爱的人"主题活动，旨在借助暖意，打通寒冷的冬日。活动以 H5 形式，主打温暖视觉及手掌互动，开屏画面即呈现布满哈气的窗玻璃，就像冬日里在窗上涂鸦一样。只要用户擦擦屏幕，暖心文字就会浮现出来，立刻营造温暖氛围。

6. 特殊事件

特殊事件，主要指代的是一种具有深刻的社会影响力，并受到社会广泛关注和跟踪的一些具体热点事件。这些事件，往往针对人们心中的笑点、泪点、痛点等进行激发，从而引起情感层面的波动。情感营销经常会使用到的特殊事件有社会事件、历史事件、节日等。

情感是一种极其微妙的东西，如果社群想要通过情感诉求去打动消费者的心，那么首先就得了解当前消费者最关注的点，掌握什么容易触动消费者的心弦。在此基础上，结合新闻、热点、引人注目的社会动态等进行情感的诉求，这样会比较容易引起消费者的注意和感情触动。

（二）奖励营销

奖励营销，具体是指在用户接受营销信息的同时还可以获得相应的奖励。通常包括购物奖励、推荐奖励及将营销信息附加在赠品上的营销方式等。

1. 购物奖励

购物奖励指在购买产品的同时，可以有机会获得一些额外的奖励。例如，一款火热的游戏《地下城与勇士》（DNF）官网就推出了相应的幸运购物活动，玩家只要在商城里购买任意一种道具，就可以在购买成功的弹窗里获得相应幸运购物活动的抽奖机会，这种奖励比较实用，如无期限普通、高级、稀有装扮兑换券。

2. 推荐奖励

推荐奖励，通常是指在推荐其他用户进行参与活动的同时，自身还可以获得一定量的提成。这种奖励方式，常用于一些投资、金融理财方面。如积金汇采取推荐提成活动，推荐好友投资，即可获得好友投资的提成，享有两级高收益提成，另外可获得一级客户投资收益的 10% 和二级客户投资收益的 2% 作为提成；成功推荐有效投资用户，按照推荐人数奖励现金。

3. 将营销信息附加在赠品上

将营销信息附加在赠品上的这种营销方式，其中最典型的就是手机流量奖励营销，即向用户赠送手机流量的同时，附着上想要宣传的产品信息。如凯迪拉克就通过利用流量对新款凯迪拉克 ATS-L 进行宣传。客户只要登录凯迪拉克天猫旗舰店，预订新款 ATS-L 28T，填写相关信息并预付定金，那么前 100 名前往指定 4S 店完成购车合同签订的客户，即可获赠 1 亿 kB 免费安吉星 4G LTE（车载移动网络系统，类似于 Wi-Fi）流量。

与购物奖励相比较而言，将营销信息附加在赠品上的营销方式，更具有一定的优越性。"购物奖励"一般都需要面临范围较小、传播有限、奖励众口难调的局限性。而将营销信息附加在赠品上的营销方式则不同，它的覆盖面相对较广，活动周期也比较长，并且手机流量一般都是大众需要的东西，因此，不会出现众口难调的相关问题。

（三）内容营销

内容营销主要在于打造内容性的产品，让产品成为社交的具体诱因。一般来说，内容营销从产品端开始就要下足功夫，最大限度为产品注入"内容基因"，打造全新的"内容性产品"，从而形成一种自营销模式，使产品具有独特的风格。

通常来看，"内容性产品"主要包括有以下三个明显的特点：一是赋予目标用户一种较为强烈的身份标签，使他们在一定程度上具有社群归属感和认同感；二是用户在进一步选择购买该产品时，已经产生了某种情绪共鸣，能够理解并且接受产品自带的相关内容；三是当内容植入产品时，产品成为一种实体化的社交工具。当用户使用该社交工具时，首先会和产品产生最直接的第一次互动，然后会与同样适用该产品的用户，碰撞出各种故事。

1. 好内容应该是具有一定的相关性的

如 Nike 跑步广告片《最后一名》（*Last*），向最后一名马拉松运动员致敬。该广告的视频主要是以马拉松为主题，大致讲述了这样一个场景：一场马拉松比赛即将结束的时候，工作人员已经开始清理现场，但是，仍有一个参赛的女孩，虽然落在了最后，但是没有放弃，仍在坚持跑步。

2. 内容应被易于进行阅读和理解

用户看社群的相关宣传视频、文字、海报，并不是为了做脑筋急转弯，去反衬社群运营者的聪明。用户之所以愿意花时间去看的一个前提，是该内容易于进行阅读，能够在短时间内抓住主题和重点。因此，好的内容应该有着明确的主题，并且内容通俗易懂。当然，进行明确指导的前提就是为了能够为相应的产品做一定程度的宣传。

3. 视觉上能够吸引人的内容，能够在第一时间得到来自用户的关注

网络空间具有的灵活性，促使营销者在视觉上煞费苦心。如通过采用富有一定冲击力的图像。号称视觉营销利器的 Cinemagraph，或许可以为内容营销增添一定的光彩。Cinemagraph 是介于视频和图像之间的一种新形态 GIF 图片，它可以将数张静态画面组合在一起成为一张 GIF 的动态画面，除了局部能够进行持续变化之外，图像的其余部分都是一个静止的状态。它可以向观者展示静止时空的魔法，能够让凝固的画面与变动的画面进行交相呼应，从而突出想表达和表现的主题。

4. 好内容具有一种良好的互动性

内容营销绝对不是一种单向的内容灌输，而应该是双向的互动交流，从而成为一种与用户的真实对话。例如 GE 的"Emoji 科学实验"就是 GE 号召粉丝在 Snapchat 上发送一个自己最喜欢的 Emoji，GE 用科学实验的方式，将该 Emoji 生动地演绎出来，并制作成短视频送给粉丝。例如一个粉丝最喜欢"心碎"的 Emoji，GE 就发给他以下实验：在圆柱形玻璃瓶中放置小苏打和醋酸溶液，并在瓶口处套一个爱心形气球，不停摇晃瓶身，小苏打和醋酸溶液发生化学反应后，产生的二氧化碳气体越来越多，让爱心气球膨胀，最后爆炸了。

第七章　O2O市场营销模式

随着互联网的快速发展，除了原有的 B2B ／ B2C ／ C2C 商业模式之外，近来一种新型的消费模式 O2O 已快速在市场上发展起来。O2O 是一种借着互联网这股东风发展起来的新型模式，涉及了线上线下、移动支付、二维码营销等众多领域。目前，各企业都希望搭上时代浪潮借助 O2O 营销创造更多收益，实现进一步发展。

第一节　O2O营销的概念及模式

一、O2O 的内涵

虽然 O2O 已经进入了人们的日常生活，成为与人们生活紧密联系的一部分，但当前还有很多人对 O2O 营销存在很多疑惑，并不了解 O2O 营销的概念。

O2O 是指 Online to Offline，也就是线上到线下，如字面意思这是一种线上和线下相结合的营销新模式。O2O 有机地将线下的商务机会和互联网结合在一起，使互联网成为线下交易的前台。O2O 的概念最初源于美国，其涉及范围十分广泛，凡是产业链中同时涉及线上和线下，都可以称为 O2O。

O2O 电子商务模式有四个要素，即独立的网络商城、国家级权威行业可信网站认证、在线互联网广告营销推广、全面社交媒体与客户在线互动，通常标准的 O2O 模式流程如下：①线上平台和线下商家进行洽谈，通过双方协议达成确定的活动时间、折扣程度、人数等方面内容；②线上平台通过有效的方式和渠道向自身用户推荐与线下商家达成协议的活动，消费者通过网络在线平台付款，之后从此处得到平台提供的"凭证"；③消费者凭借平台提供的凭证到线下商家直接获取相关商品或享受相关服务；④当相关服务完毕后，线上平台和线下商家之间进行结算，线上平台会保留一定比例的货款作为服务佣金。

二、O2O 的优势

（一）传统营销系统的局限性

在 O2O 被运用之前，传统企业的线上和线下数据分别掌握在不同的部门或者不同的公司手里。其中，电商部门基本上只是掌握了用户的订单等简单信息，一些电商平台，如天猫、京东等，经过云计算、数据分析，将数据分析的结果反馈给商家，随着数据规模不断增大，电商平台数据的可靠性会越来越强。另外，电商平台也在不断打通用户的全平台数据，通过用户在不同店铺里的消费习惯、消费金额，基本就可以判断用户的消费能力以及消费类型（比如保守型、冲动型等）。这些数据分析结果会为电商公司的线下营销提供一定的数据支持。

总之，传统企业的线上线下部门有合作，但合作力度还有待进一步加强，一个重要原因在于，传统企业对很多数据尚未能够进一步深入挖掘。比如，对于传统企业来说，那些已经在线上咨询过商品的用户，假如转化成了线下的消费人群，传统企业就很难监控到，导致对用户购买行为的追踪，出现中断的现象，从而造成数据断层反之，线下用户突然去线上消费，传统企业的营销系统依然会将这些用户记录为线上新用户，对于用户为何从线下转移到线上的数据，显然缺乏足够的分析，也不便于商家进一步整合线上与线下数据的相关性。

（二）O2O营销的优点

O2O最大的一个优势就是将线上和线下有机地结合了起来。通过网络导购的方式，实现了互联网与线下商家的完美对接，也就是实现了互联网落地，这样就可以使消费者通过线上平台以优惠价格享受线下服务，有效地刺激消费者消费。此外，O2O营销模式还可以有效促进各个商家之间的联盟。

一是O2O营销模式可以充分利用互联网具有的跨地域、无边界、信息规模大、用户规模大的显著特征，同时还可以充分有效地挖掘线下资源，在这种模式下形成线上用户与线下商品与服务之间的交易，O2O模式的一个典型代表就是团购。

二是相较于传统营销模式，O2O营销模式可以直观地对商家的营销效果进行相关的数据统计以及追踪评估，这样就避免了无从知晓推广效果的情况，O2O营销模式是有效地结合了线上订单和线下消费，这就使所有的消费行为都可以进行科学准确的统计，通过科学的统计和分析可以吸引更多的线下商家选择O2O模式，消费者也可以因此获得更多优质的产品和服务。

三是尤其在服务业中，O2O模式具有比较明显的优势，因为该模式下消费者可以通过更优惠的价格、更方便的支付获得产品或服务，并且可以及时获取相关的折扣信息。

四是O2O营销模式可以有效地拓宽电子商务的发展领域，推进其由规模化走向多元化。

五是O2O营销模式加强了线上与线下之间的信息沟通和用户体验，可以在一定程度上改善商家与消费者之间的信息不对称情况，避免价格蒙蔽，此外还可以使线上消费者享受"售前体验"。

三、O2O营销的常见模式

O2O营销模式也可以称为离线商务模式，只是指通过线上营销、线上购买带动线下经营、线下消费。O2O营销有很多不同的营销模式，最为常见的O2O营销模式主要有以下三种。

（一）广场模式

广场模式是指通过线上平台为消费者提供发现、导购、搜索、评论等信息服务，相应的平台会向商家收取一定的广告费，平台只负责向消费者提供信息服务，具体消费需要通过线下商家实现，这类模式的典型代表为大众点评网、赶集网等。

（二）商城模式

商城模式是指通过线上整合整个行业资源建立渠道，使用户可以直接进行线上消费的营销模式，这种模式相较于以上两种模式需要对相关行业资源进行整合实现交易，企业收取一定佣金分成，消费者的消费行为由线上平台负责处理，这类模式的代表有到家美食会、滴滴打车等。

（三）代理模式

代理模式是指线上平台通过提供优惠券、预订等方式，将互联网用户引导至线下消费的模式，线上平台向线下商家收取一定佣金分成，消费者的直接消费行为由线下商家处理，这类营销模式的代表为美团网、布丁优惠券等。

第二节　O2O营销的发展现状

一、O2O营销的基本发展情况

随着网络技术的发展，线上资源的开发利用成为重点，而随着线上资源和线下资源的联通，O2O模式形成并实现了发展，自此以后，O2O从蠢蠢欲动到疯狂生长，逐渐成为不可逆转的趋势，传统的互联网企业、电商企业、传统零售企业纷纷入局，试图找到实现理想目标的捷径，寻觅新的市场增量。

实际上可以简单地将O2O营销的实现理解为"两点一线"，其中两点是指线上资源和线下资源，一线是指实现线上、线下资源联动的手段，具备三者才能是一条完整的O2O产业链条。

以微信为代表的社交软件，走在了O2O实践的前列，微信与深圳天虹商场的合作、上线微支付等都是在不断地探索O2O的实现形式，实际上来看，微信是起到了沟通线上、线下资源的作用。

在O2O大发展的趋势下，京东与唐久便利店开展合作，积极探索传统电商的线上线下整合发展之路；苏宁云商实行线上、线下同价，是通过线下整合线上，虽然O2O的实现起点不同，但是方向是一致的，这两者属于拥有"两点"资源的企业，它们需要的是探索实现线上、线下一体化的路径。

京东作为传统电商，在推进自营O2O的过程中最大的问题在于缺少自营的线下门店，因此对于京东来说，开展平台型O2O营销更为合适，但京东无论在PC还是移动端都缺乏如淘宝、天猫一样的流量入口，这又是其一个巨大挑战。在2013年，O2O只处于起步阶段，还没有一家企业真正全部掌握"两点一线"的资源，不同的情况导致它们在开展O2O营销的过程中存在不同的短板。

在O2O营销形成初期，很多人并不看好，但是仍有很多传统电商企业把握住机会实现了更好的发展，这也证明了O2O营销具有的广阔前景，而如何解决"两点一线"的问题是所有想要发展O2O营销的企业面临的难题。

从时间来看，发展电子商务是解决"两点一线"问题的方式。电子商务的发展，使传统的零售业和服务业在受到冲击的同时也发现了商机，电商是一个开放的产业链，而且电商的实体资源也是来源于线下，所以怎样把更多的线下资源整合到线上，共享互联网在信息、传播、用户等方面的优势成为O2O营销的基础。

二、O2O的营销平台

互联网时代O2O能够借助各种智能终端，把服务的双方或服务方的前台放到网络上，使消费者可以在自己的手机或其他终端上便捷地按照价格、位置、时间等诉求查看服务方线下服务，非常人性化地解决消费者的核心需求。现在，O2O的营销平台有很多，但较常见的有四种平台。

（一）O2O+手机客户端

随着智能手机的普及，尤其是4G网络全面覆盖以后，手机上网慢慢成为人们与网络接触的主流渠道，正是因为瞄准了移动互联网发展的机会，商家开始把手机客户端应用到O2O营销中来。

手机客户端已经发展成为O2O营销的重要平台之一。因为移动互联网的快速发展，手机客户端就是游走于客户与线上企业的介质，所以完成O2O线上与线下闭环的关键工具就是手机客户端。

对手机客户端进行应用的O2O成功营销案例有很多，其中就包括苏宁电器的手机客户端——苏宁易购。

苏宁易购的价格与实体店面的价格一致，这是苏宁O2O营销中最重要的一点，最简单的就是让线上与线下的数据共同使用。另外，苏宁O2O营销还做到了以下三点：①在店铺开设易购直销区，即把开放平台上的商家组织到店铺里，设置集市一样的直销区；②可在PC端或移动端选购、下单，例如，消费者在店里没有找到合适的产品，导购就引导消费者在店铺的计算机上选购，实现了线上与线下的互补；③只要用户允许苏宁移动客户端定位，客户端里的"在身边"服务会锁定用户所在的城市，并提供所在城市所有门店的位置，不仅如此，"全城苏宁"还把每家门店离用户的实际距离显示出来。

苏宁利用手机客户端实行了一种不一样的O2O营销，从线下走到线上，不会出现管理不匹配、标准难统一等问题，而这样的成果在O2O领域是目前其他互联网企业所比不了的。

（二）O2O+LBS平台

在O2O这样的生活服务类平台的支撑下，基于LBS位置定位的本地生活化服务商圈模式将拥有更加广阔的市场前景。而O2O与LBS结合，则是一种新型的营销方式，这种基于地理位置服务的营销方式能够精准定位客户，实现移动互联网时代的精准营销。

在LBS和电商领域的交界处，诞生了许多创新性的网络和移动产品，这种创新的营销模式在很大程度上影响了人们的日常生活。电商企业利用O2O模式与LBS地理位置系统，将线上线下打通，为用户构建一个基于O2O模式的营销平台。

LBS除了应用在移动O2O电商领域外，还可以广泛支持需要动态地理空间信息的应用，从寻找旅馆、急救服务到导航，几乎可以覆盖生活中的所有方面。在覆盖范围如此之广的平台上，企业不仅更容易找到客户，还能节约许多不必要的宣传成本。

（三）O2O+支付平台

随着移动互联网的快速发展，支付功能也逐渐多元化，各种支付平台与O2O携手开启了支付大战。支付平台的成熟与发展使得用户能更加便利地享受O2O服务，对于O2O，尤其是移动互联网时代的O2O具有重要的促进作用。

三、O2O模式的基本发展情况

随着O2O不断发展，目前我国已经有很多电商企业开始采用O2O模式经营，依据其平台及运营模式的不同，可以分为百度系、阿里系和腾讯系，这也是我国目前较为成功的O2O模式的代表。

（一）百度系

百度作为搜索引擎，在入口流量方面具有很大优势，在很多业务上都推进得比较顺利，让商户自主通过百度的平台开展O2O业务是百度更愿意接受的方式。

2009年百度和《新京报》共同投资的京探网正式上线，该网络平台是区域性生活服务平台，百度和《新京报》各占一半股份，在具体运营方面，《新京报》负责平台内容的提供和运营，百度负责为平台提供相应的资源和流量支持。百度的 LBS 产品"百度身边"正式上线，以美食、购物、休闲娱乐、酒店、健身、丽人、旅游等类目为主，整体属于信息点评模式，并整合了各种优惠活动信息。百度的 O2O 战略以百度地图为中心，百度团购和百度旅游（包括去哪儿网）作为两翼，打造大平台和自营相结合的模式。

（二）阿里系

从我国 O2O 发展来看，阿里巴巴是最早涉足 O2O 的企业，同时它也是布局链条最长的一家。其布局明显提速，先是在淘宝推出了地图服务，再是本地生活信息服务平台丁丁网正式宣布获得阿里巴巴与花旗银行的投资以及阿里巴巴集团对银泰商业进行战略投资，并将组建合资公司等。目前，阿里 O2O 正在向"闭环"大步迈进。

1. 阿里巴巴发展 O2O 的途径

（1）打造并发展淘宝本地生活平台

阿里巴巴收购了的口碑网，后调整成为淘宝本地生活平台，提供本地商户信息、电子优惠券、团购、租房、外卖和演出等六类服务，并拥有本地生活、淘宝电影等两个移动客户端。

（2）大力推进团购发展

阿里巴巴为了打造 O2O 闭环，大力发展聚划算、中团、大众点评等团购平台的营销活动。淘宝此前专注于网络商品团购的"聚划算"重心将调整为线下区域化的团购，正式加入"千团大战"。美团网完成的 B 轮融资是由阿里巴巴领投，随后，阿里副总裁宣布加入美团网担任 COO，负责管理与运营，加强线下队伍。

（3）积极投资线下零售业

2014 阿里巴巴集团与银泰商业集团共同宣布，阿里集团对银泰商业进行战略投资。双方将打通线上线下的未来商业基础设施体系，并将组建合资公司。

2. 阿里巴巴发展 O2O 的常用工具

（1）利用一淘网比较线上线下价格

淘宝旗下比价网站一淘网，提供扫二维码比价的应用——"一淘火眼"，可查询商品在网上和线下的差价。

（2）将支付宝作为主要支付工具

支付宝已经在手机摇一摇转账、NFC 传感转账以及二维码扫描支付方面有所布局，并在线下和分众传媒、品折扣线下商场达成了合作。

（3）积极发展并应用淘宝地图服务

在移动互联网时代，LBS 基于对地理信息的搜索，向用户推荐地图及地理位置信息相关的商户信息变得尤其重要，尤其是在打造 O2O 闭环中 LBS 具有重要意义。

（三）腾讯系

腾讯系是由"二维码 + 账号体系 +LBS+ 支付 + 关系链"构成整条路径，具体来说，腾讯在开展 O2O 营销时主要包括以下几个环节。

1. 腾讯以"微信 + 二维码"作为其发展 O2O 的入口

腾讯 CEO 马化腾多次强调：腾讯和微信就是要大量推广二维码，这是线上和线下的关键入口，"微信扫描二维码"已成为腾讯 O2O 的代表型应用。

2. 腾讯发展 O2O 的主要支付工具为财付通

财付通宣布与微信腾讯电商等进行深度整合，以 O2O 的方式打开手机支付市场。其核心业务"QQ 彩贝"计划打通了商户与用户的联系，实现精准营销，创建了电商和生活服务平台的通用积分体系。

四、当前 O2O 营销面临的困难

随着 O2O 营销逐渐成为一种主流，O2O 市场相较于最初发生了很大变化，传统行业、新型产业轮番登台。作为旁观者，我们看过成功的 O2O 案例，也看过失败的 O2O 案例，这也正说明了 O2O 模式不是万金油，线上线下的营销模式并非想用就能用。作为电子商务的新型模式，O2O 有着独特的优势，同时也有其劣势。

（一）用户流量入口

有大量的流量是打造 O2O 闭环，发展 O2O 营销的一个重要前提，这也是将用户流量从线上引到线下的前提，因此我们必须重视流量入口。尤其在移动互联网时代，流量入口成为众多企业争夺的焦点。

BAT 三大互联网巨头即通过大量的收购和资本运作事件来布局 O2O 业务，如百度收购糯米网、阿里巴巴收购高德地图、腾讯入股大众点评。其目的都是希望打造移动互联网入口，抢占用户规模，然后将更多的用户从线上引导到线下。

当前，O2O 市场在流量入口方面的竞争十分激烈，百度、阿里巴巴、腾讯都根据自身情况有自己的格局和分布，以百度地图和高德地图为代表的地图生活服务类应用以及以新浪微博为代表的大众传播类应用，还有微信朋友圈类的社交应用，都将有可能成为移动互联网上的一个超级入口。

1. 微信

当前，在我国微信已经成为人们使用最多的即时通信应用，拥有庞大的用户群体，而在这样的背景下，数量越来越庞大的微信公众号正在成为创业者瞄准的新市场。据了解，国内已经开始出现不少微信公众号的导航网站，试图建立流量入口，为公众号导入粉丝。

公众号与导航网站在模式上大致相似，均通过微信公众号展示和推荐的方式，引导用户进行关注。而在关注的方式上，二维码是一个很重要的介质——用户可以直接扫描公众号二维码，将微信公众号从 PC 端转到移动端。

从导航指向的层面来看，导航网站将用户导向划分为两类：一类是直接导向公众号关注页面；另一类是引导用户关注公众号，同时获取商户优惠券或者打折信息。而在商业模式方面，部分公众号导航网站已经具有应用商店或者团购导航的商业模式雏形——提供公众号的展示和推荐机会，收取相应的费用。

2. 微博

当前，刷微博已经成为很多人的日常活动之一，可以说微博是一个有极大发展潜力的媒体，因此在开展 O2O 营销时必须重视微博的价值。以新浪为例，其覆盖面应该说相比百度也并无逊色之处。而作为社交网络和自媒体，微博又拥有与生俱来的传播和互动的优势，其传播速度和互动频率可说令其他媒体望尘莫及。

3. 地图

在 O2O 中，联通了线上资源和线下资源，而地图在其中充当重要角色，在移动互联网领域中更是如此。地图不仅可以吸引大量用户使用，还能获取大量用户信息，高达 25% 的手机广告与地图及其相关应用密切相关。地图服务在 iPhone 用户所喜爱功能中名列第二位。此外，通过地图服务，商家可收集有关 iPhone 用户的活动数据，如所在位置、行程目的地、驾车和购物习惯等，这些数据对于发布针对性更强的广告等商业活动至关重要。目前，地图行业的领头羊包括百度地图、高德地图、谷歌地图等。

（二）移动支付习惯

企业发展 O2O，融合线上线下资源，其目的是向客户提供更好的服务，让他们有更好的用户体验，而支付的便利性在其过程中就显得尤为重要。近年来，中国的移动支付有了显著的进步。随着支付宝钱包的盛行及微信支付的迅速发展，用户已经习惯使用接受移动支付业务。

移动支付在整个 O2O 链条中是一个不可取代的重要环节，快捷便利的移动支付可以有效提升用户的消费体验。例如非常火的打车软件，用户到达目的地后，只需要通过手机输入密码即可进行支付，不涉及现金和银行卡，方便快捷。

但不能忽视的是，移动支付一方面给人们带来了更快捷便利的支付体验，另一方面也存在一定的安全隐患。手机支付，实则是信息交互传递的过程，在这个过程中，若手机用户的消费指令只是以短信的方式发送至交易后台，则会存在巨大的安全隐患。目前，手机支付出现资金安全性降低的原因主要是钓鱼网站以及诈骗短信。一旦用户误点了相关的链接，手机受到感染，就会降低支付安全，甚至会直接造成经济损失。

本质上来看，移动支付是一种支付手段，在发展移动支付的过程中首先需要解决的就是支付安全性问题，而作为支付平台最关键的支付环节，相关的软硬件技术还需相对成熟。对用户而言，良好的使用习惯也是增强支付平台安全性的关键所在，比如对手机上陌生的链接不要打开，安装防木马钓鱼的软件等。

（三）二维码安全性

扫码支付已经成为消费的主流支付方式，二维码在 O2O 营销中发挥着重要作用，但是我们必须清晰地意识到二维码在安全性方面存在的各种隐患。二维码的安全性依然是用户使用时考虑的核心问题，如果未来针对二维码的监管力度加大，降低其使用的安全隐患，二维码在 O2O 业务的发展中将起到更加重要的作用。因此，我们必须采取一定措施保证扫码支付的安全性。

用户应该在手机上安装杀毒软件。手机杀毒软件可以针对来历不明的软件和应用做出拦截和提示，这样加上最后一层保险，就可以放心大胆地扫描二维码了。在扫码支付时应该确认二维码的发布来源是否权威可信。一般来说，报刊、电视、企业的官方网站及商场商家提供的二维码是安全的，但不明网站上发布的不明来源二维码，不要轻易扫描，陌生人提供的二维码也不要去扫描。用户在扫码支付时，如果要求下载陌生软件，那么就需要提高警惕，要确认要求下载的软件的发行方是否可靠，如果不能确定其安全性，最好不要下载。

（四）线下纵深能力

O2O 用户的大部分体验是在线下完成的，线下资源是互联网和移动互联网企业的重点布局领域。这要求线下的消费和服务都要有质量保证，不能损害用户的体验。线上线下应尽可能多做一些互动，线上企业可以将经验介绍给线下商家，通过与线下商家的交流，提升线下商家的服务能力，对线下商家加深了解；线下商家也可在用户消费完后，引导用户回到线上进行点评分享，扩大影响力。

第三节　O2O营销的实现路径

一、O2O 营销的核心原则

O2O 的关键点在于线上与线下的深入结合，便捷与高效是其核心原则。随着市场经济的发展，O2O 营销在零售行业中的表现十分突出。新零售概念的提出重新定义了电商与传统实体零售商之间的关系，明确二者并不是处于对立的位置，二者之间具有一种相互协调、相互促进的关系；电商与传统实体零售商的边界也不再清晰，二者之间产生相互作用，依靠相关技术实现了有机结合，并通过物流形成了一个完整的系统。

从线上电商、线下实体零售商以及物流的角度来说，技术是推动新零售变革的重要力量，此外任何利益概念引导都没有对新零售的变革产生实际效用。从企业的角度来说，一切变革都与利益有一定联系，而与利益直接相关的就是投入与收益。从投入的角度来说，企业必须考虑效率才可以保证效益和利润，而核心原则就是高效；从收益的角度来说，与之密切相关的是市场，零售渠道变更的核心原则就是消费者的便捷消费。

就当前的发展来看，O2O 模式将开展新一轮的实践，而新零售为这一轮的实践指明了方向，为其提供了概念支撑。随着线上电商、线下实体零售商、物流的融合，零售企业需要科学合理地将商品价格、质量、体验等各个要素实现统一，使消费者可以获得具有针对性的、专业化的优质服务。由此来看，线上电商的主要任务是在为消费者提供概念体验、场景应用体验、交易体验等服务；线下实体零售商的主要任务是为消费者提供产品体验、服务体验、物流配送等服务；物流的主要任务是为线上和线下的交易互通提供保障，同时还需要为消费者提供便捷性服务支持，实现线上、线下深度融合。

依靠虚拟现实技术，消费者能够体验到更快捷、高效和优质的服务。随着实际场景体验的缺失，会产生越来越多的虚拟场景再现需求。线上消费与实体店消费不同，消费者无法直接接触产品，为了更好地为消费者提供服务，就必须使用新技术。优质的购物体验有三个重要特征，即人性化、流畅化、简易化，只有在相关技术的支持下，才可以使线上购物具有这几个特征，虚拟现实技术的发展，使之成为可能。

此外，由于数据沉淀产生了消费定位匹配，其中今日头条就是一个应用典型，它根据新闻信息和用户的阅读习惯做出定位匹配。又如，消费者在平台输入关键词进行搜索，就会出现与关键词相关的产品推荐，而这就属于消费定位匹配。随着大数据技术的推广和普及，零售企业可以通过该技术进行更精准的产品推送，并且还不易引起消费者的反感。随着互联网技术与大数据技术的继续发展，新零售会出现更多新的可能。

二、O2O 营销的方式

从营销方式的角度来说，O2O 的本质是一种营销逻辑的转变，对于 O2O 模式，线下商家语言和互联网语言之间的结合是决定其能否成功的关键。一些已经存在较长时间的营销方式也因其在逐步发生转变，将线下前台转移至线上，是对传统的"等客上门"模式的一种变革。

（一）体验式营销

体验式营销是指企业让目标顾客通过观摩、聆听、尝试、试用等方式，使他们可以亲身体验该企业提供的相应产品或服务，使顾客可以通过实际感知了解产品或服务的品质、性能等方面情况，以此促使顾客对产品或服务了解、喜爱并购买的一种营销方式。体验式营销是一种新型的营销方式，随着推广它已经逐渐渗透到销售市场的各个方面。

体验式营销方式可以充分满足消费者的体验需求，将服务产品作为平台，将有形产品作为载体，生产经营质量和品质良好的产品，缩短企业和消费者之间的距离。

随着互联网的发展，体验式营销可以转移至线上开展，让消费者通过某些方式完成线上虚拟体验，从而刺激消费者，最终带动相关产品或服务的线下销售。在开展体验式营销时，商家需要注意以下几点。

1. 注重顾客的体验

体验产生于某个人经历、遭遇某种处境的过程中。企业在开展体验式营销时需要注意和顾客之间的沟通交流，发掘和把握他们内心的想法和需求，应该站在顾客的角度审视自己的产品和服务。

2. 在设计、制作和销售产品时以体验为导向

如果将咖啡作为"货物"进行销售，一磅可以卖300元；如果将咖啡进行一定包装作为"商品"进行销售，一杯可以卖20元；如果将服务植入咖啡销售中，那么一杯咖啡可以卖几十或上百元；如果在咖啡销售的过程中植入"体验"的概念，那么一杯咖啡的价值则会更高。由此就可以看出"体验"的重要性，将其作为导向设计、制作和销售产品便可以给企业带来十分可观的经济效益。

3. 对消费情景进行检验

营销人员不应该孤立地思考某一个产品，应该通过一定手段和途径创造一种综合性效应，以此增加消费者体验。此外，应该紧跟社会文化消费向量，以此为基础思考消费所表达的内在价值观念、消费文化和生活的意义。

检验消费情景，保证营销思考方式的正确性，充分考虑各相关方面实现对外延的扩展，并在较广泛的社会文化背景中提升其内涵。消费者体验对于提高顾客满意度、品牌忠诚度等具有十分重要的作用。

4. 同时考虑顾客的理性和情感

通常消费者在进行消费时会做出理性的判断和选择，但同时也会存在感性上的追求。所以商家在开展营销活动时，不可以只从消费者理性的角度思考，同时还应该充分考虑和满足消费者在情感层面的需求。

5. 确立主题

在开展体验式营销时，商家应该确立一个营销主题，也就是说营销活动应该围绕这一主题开展，这样保证营销的重点得以体现。或者可以设立一个"主题道具"，如主题博物馆、主题公园等。

需要注意的是，不能随意制定"体验"和"主题"，而是应该由营销人员进行精心设计。真正的体验式营销需要经过严格的计划、实施和控制等一系列管理过程，并不仅仅指形式上的体验。

6. 选择多种方法和工具

体验的种类有很多，所以体验式营销的方法和工具也有很多不同种类，这些方法和工具与传统营销存在比较大的差异。商家应该勇于善于寻找和开发适合自身产品和服务的营销方法和工具，并且要根据市场的变化不断更新。

（二）直复营销

直复营销指直接回应的营销，也就是运用一种或多种广告媒介在任意地点产生可衡量的反应或交易。直复营销关键之处是受众的精准性。随着移动互联网的不断发展，LBS 技术的不断成熟，"任意地点"转化为有针对性的地点。凭借这种技术，商家可以实现在特定地点向消费者发出具有针对性的"购买邀约"。随着 O2O 的发展，直复营销也逐渐发生了改变。

直复营销可以划分为直接邮购营销、目录营销、电话营销、电视营销、网络营销、整合互动营销，如表 7-1 所示。

表 7-1　直复营销的类型

营销类型	营销策略	优点	缺点
直接邮购营销	营销人员直接将信函、样品或广告邮寄给目标顾客。商家可以通过租用、购买或者与无竞争关系的其他企业相互交换的方式获得目标客户名单	互联网的发展使电子邮件成为人们广泛使用的电子交流方式，有效降低了费用，提高了速度	容易出现将相同商品重复寄给同一顾客的情况，这可能引起顾客的负面情绪
目录营销	目录营销是指商家编制自己的商品目录，通过一定方式将此目录送至顾客手中，由此接受订货并发货的销售方式	内容和信息丰富完整；图文并茂，可以更好地吸引顾客注意；便于长期保存，反复使用	在商品目录的设计与制作方面成本较高；平面效果的视觉冲击性不足
电话营销	这是指商家通过拨打电话的方式向顾客提供其商品和服务信息，顾客再通过电话向商家提出交易的营销方式	可以直接和顾客进行沟通交流，可以及时获取客户的反馈意见，及时回答顾客的问题；及时掌握顾客态度，把握更多的潜在顾客	电话的方式可能影响顾客的工作和休息，因此可能引起顾客的反感；顾客不能直观见到实物或是商品说明，容易产生不信任感
电视营销	这是指营销人员通过电视介绍产品或赞助某个推销商品的专题节目，而进行营销的活动。我国电视的普及率很高，所以很多商家都会选择这种营销方式	顾客可以直观地从声音、画面、动态效果的方面了解产品，直观效果强烈；通过商品演示，可以吸引顾客注意力；接收信息的人数较多	制作成本、播放费用都比较高；顾客很难区分电视营销和电视广告；播放时长和次数有限，难以留下深刻印象
网络营销	这是指通过互联网、移动互联网、通信和数字交互式媒体等手段开展的营销活动	发展迅速，生命力强，接收信息的人数众多，活动空间广泛、方式多样	网络技术更新速度快，设备成本的更新成本高；网络营销方式更新速度快
整合互动营销	这是指整合各种网络营销方式开展的营销活动，包括电视广告、网络广告、公关新闻稿等	这种营销技术的适应范围广泛，通过互动的方式带动消费	涉及领域广泛，导致营销过程较为复杂

（三）情感营销

情感营销是指围绕消费者的个人情感差异和需求制定营销战略的情感基调的营销方式。其核心在于通过情感包装、情感促销、情感口碑等营销策略实现商家的经营目标。

想要开展情感营销就要建立起广告主与消费者之间的情感沟通机制。社会化媒介的产生与发展，大大增加了品牌与消费者之间进行互动沟通的可能性，同时也降低了这种互动沟通需要的成本。情感营销通常都是在点滴中渗透进人们的生活，以此提高品牌知名度、维护和增强用户黏性。在 O2O 模式下，情感营销可能对消费者的线下消费行为产生直接影响。

长期以来，星巴克擅长情感营销和文化营销，并且在新媒体和社交媒体方面也是勇于尝试和创新。在中国，星巴克先后推出微博、微信、手机 App，这是将其企业文化和移动客户端进行新营销模式的深度融合。

商家在开展情感营销时，应该注意以下方面。

1. 做好情感设计

以前人们消费的最主要目的是购买商品的使用价值，也就是满足自身最基本的生活需求，而随着人们生活水平的不断提高，除了最基本的生活需求外，人们产生了新的需要，也就是希望商品可以更多地符合自己的情感需要。鉴于此，商家在开展营销活动时就必须满足现代消费者的心理，应该设计开发具有个性化、情感化的商品，并提高商品的文化附加值。例如，首饰、化妆品刻字这类定制服务就可以提高商品的附加值，也就是加入了情感设计。

2. 进行情感包装

情感包装是指对商品的包装不仅要满足保护商品、便于携带、促进销售等的基本作用，同时应该通过包装赋予商品相应的风格和内涵，以此引起消费者更多不同的情感感受，从而实现和消费者的心理和情感同步。

例如，一些商品会在其包装上印上连环图画和历史故事等，这样就可以使商品具有一定的收藏欣赏价值；一些糖果、饼干的包装盒可以做成文具盒的样子，这样就可以赋予包装盒一种新用途，也可以吸引消费者的注意。

3. 注册情感商标

商标的设计对于商家来说十分关键，好的商标可以吸引消费者，并在消费者心中占有一定地位，所以设计商标时必须保证其新颖别致、寓意深刻、富有人情味。

第一，商标应该简洁明了，易于识别和记忆，让消费者可以瞬间被商标吸引，并快速看懂及记住，同时还要注意商标要有美感。第二，商标应该具有一定的艺术性，在符合品牌形象的前提下提高艺术性。例如，飞鸽牌自行车的商标就具有一定的艺术性，不仅符合品牌形象，还形象地表达出骑在自行车上像飞鸽一样自由、稳健、轻快。

4. 打好情感广告

一般情况下，具有人情味的广告会提高产品形象，可以在很大程度上消除消费者对广告的本能抵触。消费者首先产生感动和情感共鸣，在此基础上会引发现实或潜在的消费需求，商家应该在消费者的情感体验和满足中实现自身的营销目的。

5. 制定情感价格

情感价格是指可以满足消费者情感需要的价格，应该保证商品价格和消费者自身的情感需要相吻合，这就要求商家实时把握消费者的情感需求。例如，各大航空公司在暑假期间会推出持教师证六折购买机票的活动，以此来抓住广大教师消费者的心理。

6. 做好情感公关

公关在营销中具有十分重要的作用，这种作用也逐渐被各个企业和领域所认识。正确地运用公关可以帮助企业及其产品树立良好的形象，公关策略已经成为企业营销战略重要的一部分。情感公关要求商家应该站在消费者的位置思考，尽可能加强与消费者之间的感情交流，通过各种方式使消费者可以参与到营销活动中，在此过程中完成消费者对商家及其产品的态度转换，由认识阶段升华到情感阶段，最后达到行动阶段。

7. 强化情感服务

商界提出了一个名为"二次竞争"的概念，这是指第一次竞争的主战场是销售点，第二次竞争的主战场为售后服务。商家希望用最具诱惑力、竞争力的承诺进行劝购，同时通过承诺买方及时、足量兑现的方式有效地塑造和提高企业的品牌形象，从而提高消费者的忠诚度，在服务方面凸显该商家和其他商家之间对比显现的优势，增强营销效果，以此获得差异化竞争优势。当然，商家在做出承诺时必须保证其真诚、严肃的态度以及切实的可行性。

8. 创造情感环境

商家可以通过创造舒适、优雅的营销环境，给消费者带来愉悦的心情以及感观的享受，使消费者可以感到亲切，在这种服务环境中就可以激发消费者的购买欲，可以促进商家的销售。

（四）数据库营销

数据库营销指商家通过收集和积累用户信息，对信息进行分析筛选之后，有针对性地使用电子邮件、短信、电话、邮件等方式进行客户深度挖掘和关系维护的营销方式。

具有代表性的是深圳海岸城的微信会员卡，用户可以通过微信获取深圳海岸城的电子会员卡，商家可以更简洁和科学地掌握会员的地理位置信息、到店消费数据等情况，以此可以建立起全面、科学的会员数据库，并且便于管理。用户只要使用微信扫描海岸城专属二维码就可以免费获得海岸城电子会员卡，会员凭此卡可以享受各种优惠特权。当获得电子会员卡后，用户便不用再随身携带实体会员卡，同时通过微信及时获取商家的优惠信息并享受特权。海岸新城已经和很多商家达成合作，在为消费者提供优惠的同时，为商家提供便利，如大饱口福、许留山、仙踪林等商家都已经和海岸城达成合作。

三、传统零售企业的O2O营销途径

移动互联网已经成为人们日常生活的一个组成部分。在这样的环境下，很多传统零售企业开始进行O2O模式转型，开展O2O营销成为这些企业实现营销目标以及促进企业发展的重要途径。

近年来，传统百货零售商场的顾客流量明显降低，形成这一现象的主要原因有两个：一是随着商业发展，商场出现了越来越多的新型模式，如购物中心、综合超市等，因为这些商业体的出现分散了传统百货商场的客流，但消费者的购物习惯没有因此受到影响；二是随着互联网的发展，电商成为人们青睐的购物选择，消费者的消费习惯发生了转变，相较于传统零售商场的打折促销等活动，消费者更倾向于物美价廉、方便快捷的网上购物，在这种新型消费模式的影响下，消费者的购物习惯受到了严重影响。

此外，还有来自供货商等方面的影响因素，使得实体零售企业的毛利率不断压缩，对企业盈利形成了严重阻碍。并且，随着销售渠道的不断增多，品牌商与实体商场之间的对抗更加激烈，这也对实体商场的运营造成了严重影响。

（一）优化和创新服务模式

零售业是社会再生产的终端环节，这个环节最主要的作用是尽可能满足消费者提出的消费需求，为消费者提供他们需要的服务。在市场变革中，传统零售企业获得新生的重点在于吸引消费者，维护和巩固消费关系，而这就要求零售企业回归零售业的本质，也就是尽可能满足消费者需求，优化和创新服务模式。

1.增强购物便利性

零售业的本质就是满足消费者的消费需求，而便利就是消费者提出的基本消费需求。因此，实体零售企业应该主动引进新型的互联网技术，以此提高自身的购物便利性，从而吸引消费者购买商品。

例如，沃尔玛作为一个大型传统零售企业，也在市场趋势下依靠互联网建立了自身的网上商城，消费者可以按照需求直接在网上商城下单，按照消费者所处位置和实际需求，可以选择由沃尔玛将其购买的商品送至距其最近的实体店中，再由消费者到店自取；或者也可以直接选择由沃尔玛将相应的商品快递到消费者手中，通过这种方式，购物的便利性得到了显著提高。

2.提升客户的购物体验

随着互联网的发展，电商对传统零售企业造成了严重冲击。面临这一现状，传统零售企业应该充分发挥自身的体验优势，从多方位、多角度满足消费者的消费需求，以此建立更多更稳定的消费关系。

例如，传统零售企业可以将不同品类的商品进行合适的组合销售，这样可以满足消费者多样化的需求；优化店铺商品的陈列，以此从视觉上给消费者带来更好的购物体验，以此吸引消费者消费；为客户提供诚挚、热情的服务，通过这种方式拉近与消费者之间的距离，使消费者形成良好的购物感受，以此加强与消费者之间的联系等。

3. 创新服务形式

传统实体零售企业应该加强会员服务形式的创新，策划各种活动邀请会员参与，以此加强企业与会员之间的交流与沟通，提升会员对品牌的忠诚度，使会员对企业产生认同感，并不断增强，通过这种方式还可以促进口碑传播。

（二）引入新技术

传统零售企业应该加强新技术的引进和应用，并以此作为依托更好地迎合全新的消费模式和消费习惯。从整体上说，主要可以从以下几个方面开展相关工作。

1. 通过微信进行营销

微信是我国当前最受欢迎的一个手机应用，是人们日常沟通最常用的即时交流工具，目前微信的用户规模庞大，大部分的用户每天在微信上消耗的时长达90分钟，具有十分庞大的用户基础。

传统区域零售企业应该把握机会，积极利用微信进行商品的推广与营销，将企业内部的 CRM 系统与微信对接，使微信用户可以通过企业的微信服务号及时掌握商家的营销活动信息，并且可以通过发放红包、优惠券、电子礼品等方式吸引消费者，引导顾客到线下实体店进行消费。如果可以实现企业内部 CRM 系统与微信的对接，商家可以为顾客提供自助办卡服务，这样可以有效降低店铺的服务成本，同时还可以提升顾客对商家的满意度。

2. 开展 O2O 模式，降低运营成本

传统零售企业的主要收入来源是顾客的店内消费。企业可以积极利用移动互联网及 O2O 模式，重新构建店铺的购物流程，还可以提升顾客的购物体验。企业可以在店铺内设置并推广移动 POS 及移动开单应用，这样可以减少相应的运营成本，从而为企业节省店铺开支。

3. 推进线上线下一体化

传统零售企业可以将线下实体店铺中销量高的商品在线上进行销售，这样可以提高购物的便利性。企业应该大力推进线上线下订单库存一体化的实现，推行全渠道营销，这样可以扩大消费者人群范围，使偏好网上购物的顾客也可以在店铺进行消费，这样可以有效地提高实体店铺的收益。移动互联网时代的 O2O 模式虽然是一个新兴概念，但其本质仍然是满足消费者需求，为消费者提供服务，通过引进新技术、新应用构建全渠道营销，加强零售企业与消费者之间的互动，建立现代化的沟通方式。从整体上说，"互联网+O2O"意味着传统商业模式的转型。

第八章　微信与网络直播营销

第一节　微信营销的概述及方式

一、微信营销概述

（一）微信营销的含义

微信是 2011 年推出的一个为智能终端提供即时通信服务的免费应用程序，支持跨通信运营商、跨操作系统平台快速发送免费语音短信、视频、图片和文字，同时，也可以使用通过共享流媒体发布的资料和基于位置的社交插件"摇一摇""漂流瓶""朋友圈""微信公众号""语音记事本"等。

微信营销是企业或个人营销模式的一种，是伴随微信的火热而兴起的一种网络营销方式。微信不存在距离的限制，用户注册微信后，可与周围同样注册的"朋友"形成一种联系，订阅自己所需的信息，商家通过提供用户需要的信息，推广自己的产品，从而实现点对点的营销。微信营销基于移动互联网的发展，并且智能手机越来越普及，微信已经成为即时通信市场的一大霸主。微信营销的优势突出，发展空间广阔。首先，微信信息交流的互动性更加突出，虽然前些年火热的博客营销也有和粉丝的互动，但是并不及时，而微信就不一样了，微信具有很强的互动及时性，无论你在哪里，只要你带着手机，就能够很轻松地同你的未来用户进行很好的互动。其次，微信能够获取更加真实的用户群，博客的粉丝中存在太多的无关粉丝，不能真真实实地给你带来几个用户，但是微信就不一样了，微信的用户一定是真实的、私密的、有价值的，也难怪有的媒体会这样比喻，"微信 1 万个听众相当于新浪微博的 100 万粉丝"，虽然有夸张成分，但却有一定的合理性。

（二）微信营销的特点

作为一种新兴的营销工具，微信营销颇受企业和个人青睐。相对于其他营销方式而言，微信营销具有如下五个特点。

1. 成本低廉

一般而言，传统的电视、报纸、广播、电话及互联网等营销方式都需要企业投入大量的资金成本，而目前微信的所有功能均为免费，企业基于微信展开的微信营销活动仅须支付流量费用，相比传统营销活动费用大幅减少。

2. 曝光率高

手机短信和电子邮件的群发越来越受到用户的抵制，容易受到屏蔽，而微信公众号是用户自主关注的，微信公众号发送的信息能百分之百地到达用户。此外，与微博营销相比，微信营销的信息曝光率更高。在微博营销过程中，除少数得到高频度转发的微博信息能收获较高曝光率之外，大部分信息极易在海量微博信息中被淹没。

3. 即时性强

基于移动互联网的发展和移动设备获取的便利性，人们越来越热衷于通过智能手机获取来自世界各地的信息。相对于个人电脑而言，智能手机不仅能实现各种功能，而且方便携带，用户可以在第一时间接收并反馈信息，这为企业进行微信营销取得良好效果奠定了基础。

4. 互动性强

从某种意义上来说，微信的出现解决了企业在管理用户关系上的难题。当用户有欲望把对产品或进店服务的体验及个人提出的建议告知企业时，企业微信公众号就能为其提供平台。只要用户一发送信息，微信客服就能即时接收，并对信息做出相应回复和解释。企业与用户通过微信能够快捷且良好地互动，有利于维护用户关系，进而提升营销效果。

5. 针对性强

微信营销属于"许可式"营销，多数企业都是先发展老用户，然后再通过老用户的口碑传播及自身宣传等方式将潜在用户加进微信公众号。只有这些用户在主动关注某个企业微信公众号之后，才会接收到它们的信息，而愿意对其做出关注行为的用户往往都是企业的目标人群，因此这种营销方式针对性较强。

（三）微信营销的发展

微信是可以发送文字、语音、视频和图片等功能的手机即时通信软件，自面世以来获得了庞大的用户群。

微信不仅能够通过手机通信录、QQ好友添加形成亲密的社交圈，而且微信在LBS（基于位置服务）、二维码、摇一摇、附近的人、微信公众号等新功能出现后，更能形成一个庞大的社交网络。这增加了陌生人和熟人添加微信的可能性，也让微信营销的效果不断加强。

目前微信营销具有五种模式，分别是草根广告式——查看附近的人、品牌活动式——漂流瓶、O2O折扣式——二维码扫描、社交分享式——开放平台＋朋友圈、互动营销式——

微信公众号。

（四）微信注册

要进行微信营销首先需要注册微信账号，微信主要是在手机上使用的，因此本书以下载手机版微信为例。第一，在手机应用市场下载微信用户端，也可以在电脑登录微信官网https://weixin.qq.com进行下载。第二，下载手机版微信用户端后，即可根据提示进行注册。

二、微信营销的方式

微信为免费应用，同时具备操作简便、功能强大、用户量大的特点，自面世之日起，用户得到迅速扩张，成为我国最热门的即时通信软件。作为拥有巨大营销价值的工具，微信逐步推出了收费营销业务，帮助商家增强营销效果。根据不同的功能可以将微信营销分为以下几种方式。

（一）通过 LBS 定位功能进行营销

LBS（基于位置服务）是通过电信、移动运营商的无线电通信网络或外部定位方式获取移动终端用户的位置信息，在地理信息系统平台的支持下，为用户提供相应服务的一种增值业务。微信的 LBS 功能最初是为用户寻找添加好友，该功能应用在营销方面能够帮助找到目标用户。商家可以免费利用"附近的人""摇一摇"功能，了解商家附近的潜在用户，精准投放促销信息。位置上的便利能够吸引用户入店消费，这种方式为许多无法支付大规模广告宣传的小店家提供了有效的营销渠道。特别是通过"摇一摇"功能可以搜索到 1 千米以内的用户，奔驰、肯德基等商家曾通过该功能与用户进行良好的互动。

微信朋友圈是一个好友分享自己生活状态的地方，同时也是商家营销的地方。微信针对本地商户推出一项新功能——自定义打点辐射，帮助本地商家进行营销，即在门店所在城市任意选择某个地点为圆心，将广告投放到半径 0.5 ～ 5 千米的圆形区域微信用户中。相对于之前根据指定商圈投放的定向方式，自定义打点辐射可以帮助广告主高效笼络自定义区域内的潜在用户。这就是说，本地商家既可以根据自身店铺的营运能力，精确地将广告投放给店铺周边的潜在用户，也可以摆脱地理距离的限制，根据自身对潜在用户的了解，将广告投放到全城任意一个潜在用户众多的地点。

（二）通过扫描二维码功能进行营销

二维码又称 QR Code，QR 全称为 Quick Response，是近几年来移动设备上流行的一种编码方式，它是用某种特定的几何图形按一定规律在平面（二维方向）上分布的黑白相间的图形记录数据符号信息的。它具有信息容量大、编码范围广、容错能力强、译码可靠性高、可引入加密措施和成本低、易制作、持久耐用的优点。二维码是微信用来连接线上线下的方式。商家将自己的公众号二维码放在商店，用户通过扫描二维码成为商家会员，商家就可以对用户进行精准营销。

例如，用户到达一家餐饮店，用微信的"扫一扫"功能扫描二维码，就可以了解商店的菜单，并可随时把下单的菜品传递到服务台或厨房，不需要服务员现场点单，同时可以获得今日优惠信息，如 VIP 折扣券、代金券等，系统将自动计算应付金额。用餐完后，用户可以通过手机对菜品和服务进行评价，系统将自动积分。

（三）通过朋友圈进行营销

微信朋友圈是每一个微信用户都会关注的地方，因为微信好友会通过朋友圈展示自己的生活状态。朋友圈的关注度很高，因此可以作为营销工具使用。商家可以在朋友圈上投放广告，利用用户和朋友之间的关系传播商品信息。

朋友圈营销最主要的形式是用户通过将商家的信息分享到朋友圈来获得一定优惠。商家利用用户的朋友圈将商品或者企业的信息传递给用户亲朋好友，层层转发，以取得滚雪球式的营销效果。在微信朋友圈分享红包、集赞等方式是最经常使用的方法，随着红包和赞数的逐步增多，礼品或奖励逐步增大。例如，用户在小红书上购买了商品就可以获得商家的折扣优惠，但用户只能将折扣优惠的二维码分享至朋友圈，再由朋友扫二维码来获取，这种方式能利用用户有效将小红书的应用分享至更多的人群，吸引目标用户的到来。

现在有许多人做微商，他们利用朋友圈向好友推广产品，由于微信好友一般是互相认识的，所以这样的营销效果比较好。但是也要看到现在许多人的朋友圈里面都有很多微商，微商的朋友圈往往会被屏蔽，而这直接影响营销效果。所以在进行朋友圈营销时要先了解自己朋友圈的好友是哪一类人，哪一类人会成为自己的潜在用户，而哪一类人不是，必要时要将朋友圈设置分组，让对产品感兴趣的用户看到信息，没有兴趣的用户则看不到。同时要注意刷屏的数量，在有效的上网时间推广即可，避免微信好友产生抵触心理。

（四）微信公众号营销

微信公众号是商家为了向用户展示企业形象、服务、信息而推出的，微信公众号需要用户的自主订阅，因此商家可以精准化地向用户进行营销，增强营销效果。这也使得微信公众号成为越来越多的商家争相发展的地方。

微信公众号一般分为两种：一种是企业微信账号，另一种是非企业微信账号。企业微信账号一般的营销方式为推送营销。也就是当用户关注了该微信公众号后，该公众号就会在一定的时间推送相关内容，如文章、活动、游戏等，用户可以根据自己的需要阅读或参与。这种方式有助于与用户建立亲密且深入的互动关系，维护、提升企业的形象。例如，京东商城，经常将优惠促销信息、活动等推送至公众号中，让用户时常关注到相关内容，引起购物欲望。

企业公众号还有另外一种营销方式是客服式营销，即将微信与用户服务系统相结合，满足用户在售前、售后、售中的服务，将微信打造成客服平台。比如，滴滴出行服务号，可以在公众号中找到客服，用户可以就其疑问联系在线客服解答。

目前，这两种形式的微信公众号都得到用户的欢迎，但是服务号由于更能给用户提供价值，更受用户青睐，因为不只是信息的推送，而且能解决用户的问题，这样提供"一站式"服务的平台能更好地做营销活动。

当然目前也有许多个人的微信公众号。有些个人通过向网友分享好用的信息、好笑的内容等大众所喜欢的内容积累粉丝量。通过设置公众号发广告盈利的，一般是自媒体账号，即把微信当作自媒体运营，发送相关内容，在赢取粉丝后发广告盈利。一般自媒体微信账号所发的内容质量较高，是某一领域某一行业的专业知识，得到该领域相关人员的认可。

第二节　微信营销的策略和趋势

微信可以说是拥有智能手机用户的必备软件，它有效连接了好友。因此，基于庞大用户群的微信营销有着巨大的营销价值。但是，只有微信营销的策略运用得当，才可以给企业带来好处，如果策略使用不当则有可能给企业带来负面影响。所以对于企业而言，掌握微信营销策略尤为重要。

一、微信营销的策略

需要着重注意以下几个方面：首先，在推广过程中整合媒体资源，加强用户认知感。其次，在后期运营过程中强化服务意识，关注用户体验感。最后，突出平台价值，增加用户依赖感。

（一）整合媒体资源，加强用户认知感

成功的营销，能够为企业特定的用户群主动提供足以满足甚至超出他们需求的服务。因此，微信营销以"服务用户"为核心准则，以"用户满意"为目标。企业的微信服务可以从提升用户体验入手。为了能够让用户在关注企业微信公众号后拥有愉快的体验感，商家可以尝试丰富信息表现形式、控制信息发送频率、完善信息反馈质量。

1. 整合线上媒体

QQ、微博、论坛都是拥有大量用户群体的平台，并且许多用户容易因为某种爱好、某种专业、某种需求聚集在一起。因此，可以利用这些平台用户群的共性进行宣传推广。如可以在比较有影响力的高质量的 QQ 群里宣传企业或产品，将企业的 Logo、海报、微信公众号二维码以图片或文字的形式在 QQ 群里宣传，分享标有企业 Logo、二维码的有用资料，或者在 QQ 群里解答群成员疑惑，积极与目标群体交流，让群用户提高对企业或产品的好感度。还可以让微博大 V 为企业代言，提高大 V 粉丝对企业的认可度，增强产品影响力，这是最直接的宣传方式。也可以通过与大 V 的微博信息交流来进行宣传，企

业将 Logo 作为自己的头像，昵称为企业名字，企业与大 V 的交流越多，就能越多次在微博中出现，从而达到推广宣传的效果。除却上面两种，还有一种有效的宣传推广方式，就是与相关行业协会进行交流。每个行业都有自己的行业协会，或者至少都有企业之间的交流平台。例如，通过积极参与行业门户网站和论坛的建设，无论是以广告的形式还是以行业信息提供者的身份出现在行业门户网站和论坛上，对企业的宣传都大有益处。因为能关注行业网站和论坛的用户几乎都是对这个行业有需求的潜在用户。

2. 整合线下媒体

扩大户外的海报、横幅、宣传单、报纸等媒体资源宣传，在醒目的位置设置微信公众号二维码，方便用户加入。特别是在线下店面开展通过扫二维码现场能打折等活动，增强企业微信公众号的关注度，加深用户对企业的印象，吸引用户的再次消费。例如，艺龙旅行网曾与多个酒店、机场合作，以各种奖励为诱饵，鼓励用户通过"扫一扫"方式成为他们的新增订阅用户。这种方式极大地促进了艺龙旅行网粉丝数量的增长，因此，显眼位置的横幅、烈日下遮阳的海报、等车前消磨时间的报纸等，都应成为宣传的利器，越是实用的产品宣传效果越有效。

（二）强化服务意识，关注用户体验感

企业在进行微信营销之前，就应当意识到微信用户不仅是他们营销的对象，更是他们友好的朋友。因此需要通过优质的服务意识让用户感到受尊重，感到满意。只有这样才能提高用户体验的愉悦感，也让营销的效果更好。

1. 通过丰富的信息表现形式让用户感受到企业的用心

微信的表现形式包括文字、图片、语音、视频等，但目前企业微信向用户推送的信息往往都是图文形式，很少出现音频和视频类信息。目前，受众处于信息化时代，每天都需要接收海量的信息，不可能花很长时间去理解每条信息，他们都希望能够快速且准确地接收与反馈信息。如果使用语音或者视频播报信息，用户只须轻轻一按，即可享受收听或观看的快感，这不仅可以缩短用户解读时间，还能够降低误读概率。企业确定选择利用微信公众号向用户传播音频或者视频信息时，除考虑音频和视频的接收质量之外，还要确保受众接收信息所需耗费的流量及时间尽可能少。因为只有这样，用户才会有更加美好的视听体验。

2. 控制信息发送频率

很多企业急于让用户了解产品信息，频繁通过微信公众号向他们发起"信息轰炸"。假设用户每天都接收到同一个企业微信所推送的营销信息，而且还是大同小异的产品促销信息或者无用的干扰信息，久而久之就会取消对企业微信公众号的关注，并且还会对整个企业产生抵触情绪。当然，这并不是说企业不要在微信公众号上发送信息，不与用户沟通互动，因为若企业微信满足不了用户的基本信息需求，自然也会被取消关注。所以，企业利用微信发送信息应该把握好度，既不能过多，也不能过少。企业每隔两三天向用户发送

一次信息最适宜。此外，企业在选择微信公众号信息发送时间点前，应该摸清哪个时间段粉丝活跃度是最高的，并尽量在那些期间传播信息，减少被刷屏的可能性。当然，因为微信公众账号推送信息有时会遇到网络问题，信息的到达会出现一定的滞后性，所以企业也可以略提前一些时间进行信息群发。

3. 完善信息反馈质量

众所周知，信息接收的及时性及信息交流的互动性，是微信营销所具有的两大明显优势。用户可以在微信公众号上畅所欲言，随时保持与企业的沟通交流。而愿意在微信平台上发送信息的用户，往往是消费过企业产品的老用户或者是对企业产品具有强烈购买欲望的潜在目标用户，这些用户对于企业发展而言至关重要。因此，在微信公众号的运营过程中，企业一定要注意提高用户信息回复的质量，让用户感受到企业对他们的重视。虽然现在根据用户发送过去的信息关键词，微信公众号在大多数情况下都能够智能化地给出自动回复，但是时常会出现答非所问及干脆没有回应的现象，这不利于拉近用户与企业之间的关系。其实，企业可以尝试着雇用一些员工，让他们专门负责微信公众号上用户留言的回复与管理，如杜蕾斯微信公众号专门设置八人陪聊组，以使每个用户的信息都能得到人性化的反馈。其实，用户的要求并不多，哪怕一句简单的"谢谢您""您的建议对我们很有帮助"或者"这个问题我们一定会尽快给您回复"，都会让用户感觉到企业的亲近感，并提高对企业的忠诚度。这也就要求微信客服具有亲切的态度，即使是遇到多位用户在同一时间段与他交流，也能做到耐心、详细地为每一位用户提供服务。

（三）突出平台价值，增加用户依赖感

在微信营销过程中，公众平台在企业与用户之间起着桥梁的作用。要使微信营销的效果更好，需要增加用户的依赖感，让用户主动关注企业微信公众号，并心甘情愿地一直待在微信公众号上，同时积极向自己周围的亲朋好友推荐。用户对微信公众号的依赖程度增强取决于平台对用户价值的高低，即通过企业微信公众号，用户获得需求上的满足感的多少。因此，企业可从提高信息内容的实用性、增添信息内容的独特性、加强信息内容的热点性三个方面入手，以突出微信公众号的价值，进而增强用户对其的依赖感。

1. 提高信息内容的实用性

随着微信公众号的普及，微信用户拥有微信公众号的数量越来越多。根据使用与满足理论，我们可以认为用户使用微信并关注企业微信公众号，是基于满足自身对信息、娱乐或者其他各种内在需求。因此，为用户所选择的微信公众号，应该是对用户最有用、最有价值的公众号。因此，企业应该从信息内容上入手，让受众真切感受到其微信公众号的价值，甚至对它产生依赖感。这就要求企业必须对其目标人群的特征、喜好进行准确调查分析，以全面了解他们最真实的需求，进而推送对用户最实用的信息。如艺龙旅游网会精心为用户奉送各种关于旅游的实用信息，深受用户喜爱。

2.增添内容的独特性

当前营销手段形式愈加丰富，大多数用户都对营销信息的质量要求非常严苛，希望接收到的信息能够拥有个性与创意。例如，星巴克中国在推送的信息内容中，设置"星享卡""美食""杯子"等特殊选项，供人们依据个人喜好随意选择。当用户发送不同的代码时，则会得到不一样的反馈，形式非常有趣。当然，企业推送的信息内容不仅要有独特性，更要与企业产品有较强的关联度，毕竟微信营销的最终目标还是促进产品销售以获得更多的利润。单单只顾用户喜好，传播一些与产品毫无关联的信息，的确会增强用户对企业的好感，但并不一定会激发他们消费的欲望。因此，企业除了考虑发送什么独特的信息内容能吸引用户注意力外，还须考虑如何将产品信息融入其中以及以何种独特方式将内容展现出来让用户乐于接受。

二、微信营销的发展趋势

微信已经成为人们日常生活不可缺少的一部分，微信营销更是商家争相使用的营销方式，微信营销的发展趋势越来越好。

1.微信全球化

2011年4月，微信以英文名We Chat正式进入国际市场；2011年10月开始支持繁体中文语言界面，增加中国香港、中国澳门、中国台湾、美国、日本五个地区的用户绑定手机号，加入英文语言界面；同年12月实现支持100个国家的短信注册，语言版本不断增加。除了语言上的差异化处理和一些细节上的本地化改造，全球的微信几乎如出一辙。这不仅表明微信是中国第一款成功走出国门并受到全世界青睐的移动互联网产品，更表明中国企业通过微信就可以进行全球营销。利用微信的地理位置定位功能，企业可以"随时随地随心"地对处于任何国家和地区的受众进行精准定位以及有针对性的微信营销。因此，微信的全球化发展趋势在企业品牌的国际化道路中发挥着强大的推动作用，让本土品牌走向世界成为可能。

2.微信支付功能

微信与财付通合作实现了在线购物支付功能，这不仅使商家可以利用微信开展更为丰富的营销活动，更使用户能够体验即拍即买的快捷购物方式，进而促使商家的营销活动与用户的实际购买行为实现无缝衔接，以期达到营销效果的最大化。微信的线上支付功能，将再次改变人们的消费行为。过去人们可以足不出户直接用家用电脑在网上进行购物，从查找各种商品信息到确认订单并在线支付以及选择送货方式整个过程均可在电脑上完成，这种新型购物方式已经让用户体验到了甜头。而现在微信已经开通线上支付功能，这无疑意味着手机将成为一种全新快捷的支付终端，人们在没有电脑的情况下也能通过智能手机轻松完成整个购物环节。

3. 企业营销环境的变化

经验表明，每次新媒体的出现，都会给企业的营销环境带来不小的变革。现在随着用户对手机的依赖以及对其他媒体的淡漠，电视媒体的影响力正在下滑，纸质媒体的地位也开始受到巨大冲击，就连传统互联网的营销成本也开始不断上扬。由于社会大众信息获取的途径越来越多，对信息质量的要求也越来越高，对传统营销方式越来越反感，所以他们更倾向于尝试利用更加快捷的手机微博、微信查找企业信息以及他人评价，以判断是否成为某个企业的用户，而不是单凭一个简短直白的电视广告或报纸广告就有效转化为产品购买者。微信成为大部分手机上网使用流量最多的应用。用户在微信上的流量为所有应用中的最高，远高于微博、购物、视频、地图、邮件等服务。

第三节　网络营销的含义及特点

一、网络直播概念的兴起

以微博、微信为代表的新媒体出现以后，传播方式发生了极大的改变，受众由最初的单方面接收信息转变为双向沟通。这种新的传播方式的出现，拉近了人与人之间的距离，让通信变得更加方便。同时，网络直播平台的出现，更增加了互动性。由于在网络直播平台受众可以直接向主播提问，主播即时回答，使传播者与受众相互影响、相互融合，确立了一种全新的互动式传播方式。

(一)网络直播平台的概念

网络直播平台，广义上可以分为视频直播、文字直播、语音直播。本书的研究对象主要是视频直播。网络直播平台的本质是用户生成内容（UGC），通过主播直播娱乐、商业内容，辅之弹幕系统沟通，实现和观众实时双向交流，是一种新载体上的新模式。

目前我国市场上有几百家在线直播平台，观看网络直播的人数也在日益增长。而本书重点研究淘宝直播平台，这是典型的电子商务平台的直播，与其他网络直播平台相比，更加具有营销特征。

网络直播平台最早起源于20世纪90年代末的社交类视频直播间，21世纪初，由于游戏产业的兴起引发网络直播游戏的热潮，进而促进了平台自身的发展。目前，无论是游戏、网红表演、教做饭、汽车评测、新闻发布会，几乎所有内容都可以在直播平台上找到踪影。

(二)网络直播电商的兴起

电商长期以来有两个痛点。第一，真实性存疑。传统的静态图片，视频展示可以后期加工而缺乏真实性，不利于用户成购物决策。如买衣服、买化妆品，用户需要更全面地了解才能决定。直播电商的出现则确保你看到的视频未经"修图"，保证了它的真实性；通过主播的讲解示范、回答问题这类互动形式，同时解决了"讲解"这个导购问题。"从模式上看，定位于消费直播的淘宝直播，与秀场类模式有根本性不同。用户看重主播是否具备某一方面专业的能力，而出位、作秀这种直播平台上容易出现的乱象本身就不是用户关注平台主播的原因。"淘宝直播负责人表示。第二，电商互动性差。消费水平升级的今天，人们已经不满足于"物美价廉"，对购物的乐趣越来越看重，购物成为一种社交行为和生活方式，在购物之后往往会聚餐、看电影。直播是即时互动的，你可以向主播提问，还可以跟看直播的人一起通过弹幕等方式交流，所以直播电商增加了一些社交属性。

对于商家来说，直播的好处是显而易见的。通过直播，召集一定数量的潜在用户一起观看讲解，等于售前服务从"一对一"到"一对多"，减轻了售前咨询的负担；直播有叫卖和促销效果，在吸引关注的同时可提高销售效率；通过聚集人气营造团购氛围可提高转化率。淘宝直播负责人也表示，在直播平台上已经出现了大学生主播月收入轻松过万的情况，此前漫长的店铺升级之路，现在美妆主播从零开始一个半月做到钻级店铺。电商分为两大类：第一类是直营电商，境内外商品由电商自己采购；第二类是开放平台，卖家在平台上面入驻开店。目前电商直播的主要成本在带宽成本和人力成本上，而直播对开放平台电商更有优势，成本相对直营会低很多。

（三）淘宝直播的概念和申请

淘宝直播更加凸显产品信息的真实性和可接受性。淘宝直播引领了"商家边播边卖，网友边看边买"的新消费方式。用户在观看直播的过程中可以提出要求或者问题，商家可以实时回答，有助于销量的提升。

1.淘宝直播的概念

淘宝直播是阿里推出的直播平台，定位于"消费类直播"，用户可"边看边买"，涵盖的范畴包括母婴、美妆、潮搭、美食、运动健身等。直播，改变了以往通过广告来宣传营销推广的方式，同时还创就一批"新群体"，如达人、村红、明星主播、红人店主。这批新群体聚集起自己的目标受众，形成店铺的粉丝群体。

淘宝直播负责人对淘宝直播未来发展的规划是，希望淘宝的消费生态直播，是"社交预热，直播互动，淘宝成交"的模式，就是把主播的粉丝属性、互动属性和成交属性这三个属性都能够做出来。淘宝直播从主播形态上来说有三类：第一是草根，第二是明星主播，第三是红人店主。目前，店铺、微淘、直播广场和广告流量，都已经围绕直播内容流转起来，能够作为直播的全线资源同步进行。

淘宝直播包括利用社交来做线上导购、卖家和卖家的互动、淘宝交易完成三个环节，参与没有社会分层，参与区域非常广阔，从农村到城市，从国内到国外，都可以发挥自己的经营模式，开拓销售渠道。

二、电商直播营销的特点和问题

电商直播是近几年发展的产品方向。电商平台利用自身平台和流量优势，为商家提供直播渠道，直播内容基本都是介绍和售卖折扣商品、宣传品牌，盈利模式也从刷礼物变成了卖东西，如"517 饿货节"直播、"京东 618 生鲜节"直播、"双 11 购物狂欢节"直播，其代表为天猫直播、淘宝直播。

（一）电商网络直播营销的特点

电商网络直播营销增加了传统电商的真实性，图片和售后评价已经不能满足用户对品牌的考量，真实性和对产品本身的探知是促使"网络直播 + 电商"模式迅速发展的原因。这种产品、服务的展示形式更加立体、生动、真实，与其他的海报或产品宣传片形式相比，网络直播的形式更加简单直接，是最接近真实的一种表达方式，推动品牌从产品引导购买转向内容消费。

网络直播平台已然成为各大电商平台获取流量的入口。网络直播活动不只是一个品牌的狂欢，还可以开启"品牌 + 品牌"的战略合作模式，使营销活动规模扩大，实现营销效果的最大化。网络直播营销不仅是一种创新的营销方式，它以全新的方式颠覆着电商行业的发展形态。对于网络直播营销来说，其特点分为以下几个方面。

1. 跨时空性

网络直播拉近了人们之间的距离，从最早的贴吧论坛到博客、微博、微信，再到今天的网络直播，网络媒体带给人最大的震撼就是不断突破着时空的界限，传播速度越来越快，传播手段越来越多样化、可视化，形式越来越丰富，更能跨越时空的障碍。基于网络技术手段的飞速发展，网络直播媒介突破了时空的界限，实现了实时在线展示。尤其是无线网络技术突飞猛进的发展，使高质量、高清晰度的视频信号传播成为可能，时空适应性更强，极大地满足了用户随时随地接收信息的需求。

2. 互动性

电商网络直播用户可以发弹幕，可以转发评论，与"主播"直接沟通。这一形式能有效解决用户的疑问，增加下单量，减少退换量。网络直播的互动具有真实性、立体性，参与感被发挥到了极致。网络直播营销突破了传统大众媒介的单向式传播，实时的双向互动传播成为可能。网络直播不仅使用户与用户之间的平等沟通交流成为可能，还搭建了传播者与接收者信息的实时双向流动。文字、图片虽然也能传递信息，但是这种信息是单调的、隐藏的，相比语言更难理解。通过网络直播可以实现信息的同步，全方位展示活动场景，增强了用户的场景融入感和身临其境感，提升了用户的参与度，活跃了用户的积极性，增加了用户的冲动购物。同时，用户通过观看直播能够有效提升对品牌和产品的认知，提高对商品和商家的信任 度，最终实现品牌营销目的。

3. 精准性

随着移动 5G 互联网和智能手机的发展，随播随走的网络直播模式被大范围推广开来，网络直播的内容形象、立体、生动，用户理解、进入的门槛低，使网络直播迅速积聚了大批用户。以电商直播平台——淘宝直播为例，用户逛淘宝的目的在于购物，因此人们会带着不同的目的进行搜索，而观看某一项直播是用户自动选择的结果，其选择肯定与其目的性相吻合，保证了直播营销的高度精准性。

4. 共鸣性

从文字、图片、视频最后到网络直播，其表达的感染力不断在增强。网络直播相比其他媒体平台更能激发用户的情绪，使用户沉浸于传播的内容中，这种体验感可加强用户对企业和产品或服务的印象，并在这种情绪的带动下不自觉地产生购买行为。在互联网环境中，碎片化、去中心化使人们的情感交流越来越少，人们渴望沟通却又怯于表达，而网络直播能够把一批志趣相同的人聚集起来，凭借共同的偏好，使情感达到高度的统一。品牌营销活动若在这种氛围下适当地给予引导和激励，必定在很大程度上营销目标。

（二）电商网络直播营销存在的问题

虽然目前直播平台的发展态势良好，但整个行业尚未成熟，仍然存在不少问题。从大环境来看，科技巨头争相注入巨额资金带来了泡沫性繁荣，各平台数据频频造假，且屡禁不止。另外，作为一个新兴行业，在线直播平台的运作在法律方面还不够完善，同时营销模式相对单一和品牌意识等的缺乏也使得网络直播营销存在较大问题。

1. 营销模式单一

网络直播平台竞争性非常大，同样网络直播的竞争也非常大。各主播都在人们上网时间最集中的时间开通直播。直播内容非常丰富，人们的注意力很容易被分散，用户选择不同直播内容的成本非常低，只要轻轻滑动就可以切换。因此只有优质的内容才能吸引用户的关注度，获得持续关注。应围绕产品或服务的特性和优势精心筹划内容，同时保持与企业文化和形象一致，避免哗众取宠、华而不实的价值导向扭曲品牌形象。网络直播营销不同于其他营销，从本质上来说，网络直播营销是一种用户主动选择的行为，而非强硬掠夺用户的注意力。这种主动亲近、自发互动的方式更需要品牌方投入更多的思考，生产受用户喜欢的传播内容和活动形式。

无论是通过情感的渲染还是借助娱乐手法的传递，都需要高质量的内容作为基础和依托。高质量的内容不仅具有较高的传播价值，还能够引发用户深层次的思考和想象，引发情感共鸣。只有这样，才能让用户自发认可品牌的形象和价值，并愿意作为传播者去帮助品牌进行二次传播。网络直播只是一个传播的手段，传播内容才是根本。现在很多品牌看到网络直播红利，便纷纷涌进，但缺乏有效的思考和沉淀，单纯地模仿他人，或者搬用简单粗暴的传统"电视购物"形式，这样不仅对品牌传播无益，无法持续吸引用户注意力，还有可能使品牌形象受到损害。

2. 缺乏深度融合

电商网络直播营销具有跨时空性，一场成功的直播营销能轻松获得千万级的关注，销售转化率惊人。网络直播脱胎于秀场模式，不乏秀场模式的基因，如果单纯认为网络直播营销只是主播与用户聊聊天、唱唱歌，或者只是对活动现场的情景实时再现，就可以获得很好的传播效果和转化率是不太现实的。把网络直播营销做成长篇幅的视频传播，不免有失深度。如很多网络直播营销活动邀请明星大咖参与，但只是直播他们在化妆间、参与活动现场的场面等，这种网络直播缺乏自我品牌的塑造力，没有好的营销策划方案，没有考虑到如何与用户深入沟通，没有实现品牌的差异化展示，即使邀请了最贵的明星也只徒增品牌营销的成本，用户并没有形成对品牌的辨识度，尤其是内容的同质化，导致了企业的品牌个性特色不突出。

3. 难以持续关注

直播营销相比微博、微信营销，占用用户的时间较长。微博文字、图片内容简短，浏览只需几秒。同样微信占用的时间也相对较短，并且用户可以自主选择跳过一些内容。但是，直播营销所占用的时间较长，稍不留神就会忽略一些信息，最主要的是用户难以预测主要内容及重点内容在什么时间播出，用户需要持久的注意力，但是这一点很难做到。另外用户选择直播间的成本很低，因此网络直播营销的用户忠诚度较低。

同时，大多数用户选择微信、微博、直播的原因都是打发时间，难以预留长时间关注。一旦网络直播的内容不太符合用户的审美，就有可能失去一大批用户。所以，网络直播营销的用户黏性很低。因此网络直播内容一定要高质量，所邀请的明星要足够有影响力，值得用户期待。同时要与用户进行深层的互动，让其全身心融入直播活动中，并自发为其传播这些是网络直播营销的关键因素。因此，网络直播营销的成功与否关键在于用户的黏性大小。只有获得用户的认可才能将营销成功转化，实现品牌营销的目的。

第四节　网络直播营销策略

网络直播能够有效帮助商品或者品牌信息广泛传播。相对于传统的营销方式，网络直播是一个成本低廉的营销渠道，它把生产、传播、销售、反馈这几大流程融为一体。目前，企业看到了网络直播平台的优势，纷纷加入直播营销的队伍。但是，网络直播营销需要创意、方向，盲目跟风难以有好的营销效果。只有优质的内容并且与其他渠道配合联动才能达到良好的营销效果。

一、坚持"内容为王"

直播平台的竞争取决于内容的竞争。网络直播的发展并不一定依靠网红，"内容为王"方为上策，特别是电商网络直播，需要商品的质量和款式符合大众的期望。因此，"内容为王"成为网络直播发展的前行方向及行业遵循的准则，这是网络直播发展所需，也是公众审美所需。由于优质内容资源不足导致互相抄袭、恶性竞争等直播乱象，网络直播仍需要逐步发展完善。与此同时，各个平台通过定制 PGC（专业产生内容）为观众提供深度直播；鼓励个人和群体 UGC（用户生成内容）行为，满足不同的用户需求。另外，作为直播平台应该主动寻找和接触潜在合作方，为内容制造者提供更多可能，使主播和用户的忠诚度得到进一步提升。例如，在YY直播新品牌形象发布会上，YY直播与芒果娱乐、华策、PPTV 开启了一系列合作，通过这些合作逐步实现了内容生态的多元化。总之，直播平台得以发展的契机在于让内容接收者同时成为内容制造者，与其他受众分享相关内容，所以立足于内容本身，持续性为观众寻找内容爆点，是平台发展的关键因素。在这一过程中，平台、主播、观众应该有机结合起来，只有这样才能够建立起良好的平台内容生态。

讲故事是品牌直播中非常重要的基础。相比于强调产品属性，会讲故事的品牌广告效果会更好。一个好的故事需要有好的故事主题和故事内容，故事主题就是定位，而好的故事内容则包括真实、情感、共识、承诺四个要素。真实而不做作，故事才能吸引人。真实的故事、真实的场景能引起受众的共识，能让受众感受到故事传达的真切情感，感受到对未来需求承诺的真实。因而，在直播中，内容不仅是"秀"，更重要的是"讲"，如何在直播中以故事的形式讲述品牌、凝结品牌与观众之间的关系，变得很重要。

二、定位准确，选择合适主播

主播能帮助用户更好地理解商品或者品牌。不同类型的商品，如化妆品、服饰等都需要用户的直观感受而做出选择，因此确定目标群体、明确品牌定位是进行品牌传播的首要任务。只有明确定位后才能结合品牌调性选择合适的直播平台和主播。

在选择主播时需要考虑明星和草根直播的优缺点。明星具有强大的粉丝效应，市场效应非常明显，在明星直播瞬间，用户拉升作用非常强。但明星难以长期担任主播，属于市场行为而不是内容行为。因此不能仅通过明星来进行直播营销，需要考虑能够长期进行持续营销活动的草根主播。对于直播来说，草根和明星是两种不同的资源。真正最终能撑起直播营销的，是可以每天数小时进行直播的草根主播，而不是偶尔一次的明星。

每个直播平台和网络主播都有自己的特点和调性，这就决定了不同的平台和主播具有自身的粉丝群。品牌所有者在选择平台和主播进行营销时，首先要根据自己产品的定位和目标群体来筛选粉丝群。另外，主播是一种个性化的外现，在直播过程中经常看到观众表示：喜欢主播的饰品风格、喜欢主播的衣服等。可见，主播在粉丝中充当了潮流引导和模仿的对象。因此需要根据商品或品牌的定位选择合适的主播进行营销活动，以达到营销效果最大化。

三、构建传播品牌社群

主播利用自己独特的内容和魅力吸引粉丝，粉丝组成兴趣群体，主播制定规则形成社群，通过线上直播和线下活动经营社群，培养社群自组织能力。以内容精良的节目吸引观众，构建社群，维护好主播与观众的关系，培养稳定的粉丝群体，充分利用粉丝群体的自组织力量来管理直播信息的传播，对于品牌构建与品牌传播有积极影响。同时还可以收集粉丝社群的反馈信息，利用大数据技术进行分析，根据分析结果对品牌进行个性化设计、改进。现阶段，用户对个性化产品和服务的需求越来越高，不再满足于被动地接受企业的操纵，而是主动地参与产品的设计与制造。此举不仅能提升用户的满意度，还可以应对市场变化，并进行较为准确的市场预测。

四、坚持整合营销

品牌传播活动并非一种单一的、孤立的活动形式，需要将各种营销活动整合起来。品牌传播是整体的系列活动，需要一定的连续性和持续性。商品或品牌营销活动需要将多种传播手段和传播形式加以整合利用，为商品或品牌传达出共同的产品和服务的信息以及品牌形象和企业文化。这是增强与用户的良性互动，提升用户品牌认知的有效手段，同时也是建立和维护用户与品牌之间密切关系、增强用户黏性的秘密武器，有助于品牌营销目标的实现。随着网络传播技术手段的发展和网络媒体的普及，整合营销理论在新媒体环境中表现出新的发展状态。网络直播打破了时空界限，使其传播的内容能迅速扩散，使与用户互动的方式有了新的进展，加深了品牌与用户的互动。因此网络整合营销理论需要通过线上多种营销形式的整合和线上线下的整合。

（一）线上多种营销方式的整合

从实质上来说，整合营销传播就是将病毒营销、事件营销、互动营销、口碑营销、社群营销等多种营销手段和渠道都结合在品牌营销传播和市场推广中。在多年的网络营销发展过程中，品牌传播从产品至上、形象至上、定位至上，到现在的用户至上，逐步成熟，走出了定位、创意、精准的路线，实现了将各种营销手段相结合的局面，促成了网络营销的盛况，推动了网络整合营销传播的成熟期到来。微博作为网络营销的重要阵地，在品牌营销过程中发挥着重要的作用。微博上讨论的体育、娱乐、新闻热点和社会焦点等话题在直播平台中也都有很高的热度。两者相搭配，能够产生巨大的粉丝量。微博以其独特的开放性特点，成为网络直播的重要引流入口，是网络直播平台及其内容的重要传播渠道。不仅是微博，微信、贴吧等也都是网络直播营销的重要引流入口，都可以在品牌营销过程中进行有效的、有选择性的结合，延长传播时间，延展传播范围，实现传播效果的最大化。

网络直播打破了时空界限，使其传播内容迅速扩散，使与用户互动的方式有了新的进展，加深了品牌与用户的互动。它通过网络的广泛性、及时性、精准性向用户提供产品和服务的信息，加深用户对品牌、产品和服务的认同，增强用户的黏性。

（二）线上线下的整合

网络直播仅是品牌营销传播的手段和渠道，仅仅是一个信息传播的工具。它不是线上营销活动的单独作战，还需要线下活动的补充。因此，品牌营销的成功不仅要依托互联网的力量，还要整合好线上和线下营销活动。网络直播的品牌营销传播要想获得品效合一的最大化，就需要与线下营销活动、销售策略等整合起来，为线上的营销活动提供支持和保障。

参考文献

[1] 余来文.营销管理新媒体、新零售与新营销 [M]. 北京：企业管理出版社，2021.

[2] 郭国庆.市场营销（第 4 版数字教材版）[M]. 北京：中国人民大学出版社，2021.

[3] 王凌洪，张定方.新媒体营销 [M]. 北京：中国商业出版社，2021.

[4] 刁玉全，皇甫晓涛.数字媒体广告创意 [M]. 上海：上海大学出版社，2021.

[5] 陈国胜，陈凌云.市场营销类职业教育教学改革融合创新型教材数字营销[M].沈阳：东北财经大学出版社，2021.

[6] 陆生堂，卫振中.数字经济时代下企业市场营销发展研究 [M]. 太原：山西经济出版社，2021.

[7] 甄英鹏，叶萌，孙燕，刘可.互联网销售直播营销的管理法则 [M]. 北京：企业管理出版社，2021.

[8] 张殿元，肖广胜.大中华区数字营销领袖思想录系列——全媒时代的品牌智造超 4A 大咖数字营销思想录 [M]. 上海：东方出版中心，2021.

[9] 宋红梅.高等院校"十三五"网络与新媒体系列教材：新媒体文案创作及传播 [M]. 北京：人民邮电出版社，2021.

[10] 林波主.数字新媒体营销 [M]. 北京：中国人民大学出版社，2020.

[11] 司占军，贾兆阳.数字媒体技术 [M]. 北京：中国轻工业出版社，2020.

[12] 首倩.新媒体与旅游营销创新研究 [M]. 太原：山西经济出版社，2020.

[13] 余来文，朱文兴，苏泽尉，甄英鹏.数字品牌：新商业新媒体与新口碑 [M].北京：企业管理出版社，2020.

[14] 徐键.新媒体条件下的竞选广告研究 [M]. 北京：社会科学文献出版社，2020.

[15] 梁海红.市场营销策划 [M]. 北京：清华大学出版社，2020.

[16] 姜彦宁，赵光辉.交通网络营销 [M]. 北京：人民邮电出版社，2020.

[17] 胡玲玲，蒋志涛.电商新媒体应用 [M]. 上海：复旦大学出版社，2020.

[18] 单波.中国媒体发展研究报告 [M]. 北京：社会科学文献出版社，2020.

[19] 叶敏.网络营销实务 [M]. 重庆：重庆大学出版社，2019.

[20] 李琳，赵江.网络营销与案例分析 [M]. 西安：西安电子科技大学出版社，2019.

[21] 王海霞.时尚新媒体 [M]. 北京：北京日报出版社，2019.

[22] 童海君，陈民利.网店视觉营销与美工设计 [M]. 北京：北京理工大学出版社，2019.

[23] 钟之静 . 新媒体下都市报品牌资产管理研究 [M]. 广州：暨南大学出版社，2019.

[24] 张聪 . 融合与发展数据时代的新闻与传播 [M]. 知识产权出版社，2019.

[25] 杨先顺 . 岭南广告学派丛书——岭南新媒体说：数字营销传播思想荟萃 [M]. 广州：暨南大学出版社，2018.

[26] 陈永东，王林彤，张静 . 数字媒体艺术设计概论 [M]. 北京：中国青年出版社，2018.

[27] 丁俊杰，李西沙，黄升民，刘文飞 .IAI 广告作品与数字营销年鉴（2018）[M]. 北京：中国传媒大学出版社，2018.

[28] 谢方 . 媒体多维产业与 AI 聚变 [M]. 北京：中国广播影视出版社，2018.

[29] 林颖 . 电子商务实战基础——新媒体营销实战 [M]. 北京：北京理工大学出版社，2018.

[30] 王琨，宋扬，刘玉宝，熊芳芳，魏超玉，黄钰茸 . 设计营销与管理 [M]. 镇江：江苏大学出版社，2018.